Tradução, Ato Desmedido

Coleção Debates
Dirigida por J. Guinsburg

Equipe de realização – Edição de texto: Iracema A. de Oliveira; Revisão: Daniel Guinsburg Mendes; Produção: Ricardo W. Neves e Sergio Kon.

boris schnaiderman
TRADUÇÃO, ATO DESMEDIDO

 PERSPECTIVA

CIP-BRASIL. CATALOGAÇÃO-NA-FONTE
SINDICATO NACIONAL DOS EDITORES DE LIVROS, RJ

s383t

Schnaiderman, Boris, 1917-
    Tradução, ato desmedido/Boris Schnaiderman. –
São Paulo: Perspectiva, 2015.
    (Debates ; 321)

    1. reimp. da 1. ed. de 2011
    Inclui bibliografia
    ISBN 978-85-273-0898-4

    1. Tradução e interpretação. I. Título. II. Série.

10-4987.   CDD: 418.02
                    CDU: 81'25

30.09.10   14.10.10   021998

1ª edição – 1ª reimpressão
[PPD]

Direitos reservados à
EDITORA PERSPECTIVA LTDA;
Av. Brigadeiro Luís Antônio, 3025
01401-000 São Paulo SP Brasil
Telefax: (11) 3885-8388
www.editoraperspectiva.com.br
2019

SUMÁRIO

Nota do Autor 13

A Tradução como Ato Desmedido 15

1. Caleidoscópio de Tradutor 21

   Do Frade de Pedra à Múmia 21
   O Intraduzível Recriado 22
   Um Tarefeiro Imprudente? 25
   As "Faixas Semânticas" 26
   Um Perigo, a Lógica Estrita e Rigorosa 27
   Abrasileirar? Manter Afastamento? 28
   Precisão Semântica e Precisão de Tom 31
   A Aventura dos Títulos 34
   Os Títulos – Mais um Caso 37
   Traduzir-se 38
   Uma Posição Iconoclasta 39

Os Pequenos-Burgueses 40
"*Ralé*" 41
A Camisola de Dormir que Vira Penhoar 41
Lembrança de um Pioneiro 45
Tradução e Tam-Tam-Tam 46
Lampejos 48
Linguagem Comum e Jargão Profissional 49
Uma Lição de Tolstói 50
Tradução e Espírito de uma Língua 50
Um Momento Raro 51
Um Tradutor no Redemoinho 55
Um Caso de Tradução no Cinema 58
Adonirando o Blues 59
Nuances do Coloquial 59
As Notas do Tradutor – Sempre uma Calamidade? . . 60
Influências? Configuração Subliminar? Bruxedo? . . 62
O Estranhamento como Tradução 63
Cuidado com os Eufemismos! 66
Ainda, Tolstói e a Tradução 68
Viva a Estranheza Gramatical! 69
A Cauda de Belzebu 70
O Mistério da Tradução 71
Os Erros de Imprensa, uma Armadilha 72
No Limiar da Palavra 75
Um Precursor Esquecido 78
O "Rei da Criação" e as Diferenças Linguísticas . . . 80
Tradução e Memória – Um Tango de Odessa 82
Música e Tradução 84
Tradução e Memória, Ainda 85
Tradução e Ritmo 88
Algumas Palavras Enganosas 88
As Palavras Aladas 89
Orgulho e Modéstia do Tradutor 90
Cópias de Filmes em DVD e Tradução 90

2. Púschkin e Gonzaga: Da Sanfoninha ao Violão ... 93

3. O Céu e o Inferno do Ato de Traduzir 101

4. Paradoxos da Profissão Impossível 105

5. Lições Universais de um Tradutor Russo 111

6. Surpresas de uma Encenação 115

7. Vicissitudes de um Poema 119

8. *O Idiota* (do Romance ao Filme) 127

9. Isaac Bábel e a Tradução 133

10. Haroldo de Campos, Poesia Russa Moderna, Transcriação 137

11. Farândola de Nomes 151

12. Dilemas de uma Tradução 157

13. Oswaldo Goeldi e Dostoiévski: Distância e Proximidade 165

14. *Hybris* da Tradução, *Hybris* da Análise 171

15. Dante e a Rússia 183

Sobre os Artigos 201

Bibliografia 203

*A Jerusa, cuja presença constante e prosa
ágil me permitiram superar defeitos
de meu trabalho como tradutor.*

*À memória de Haroldo de Campos
e Paulo Rónai, exemplos decisivos
na elaboração deste livro.*

NOTA DO AUTOR

Reúno neste livro textos inéditos e alguns já publicados por mim na imprensa e em livros. Creio que no seu conjunto eles poderão proporcionar ao leitor uma percepção de algumas das minhas preocupações e da linha de trabalho no campo da tradução.

A TRADUÇÃO COMO ATO DESMEDIDO

Embora eu já tenha escrito bastante sobre tradução, percebo que está faltando algo importante a dizer sobre o assunto. Cada tradutor se aperfeiçoa, torna-se "menos ruim", pela autocrítica. Parece-me que seria proveitoso transmitir ao leitor um histórico desses erros, a par dos acertos, desvelar um pouco a marcha tortuosa que se empreende quando se traduz, por um caminho cheio de armadilhas.

Torna-se perigoso tratar deste assunto, pois é muito fácil resvalar na autoflagelação e no autocompadecimento, e deste modo incorrer numa das piores formas de exibicionismo. Mas, por outro lado, o público tem direito de saber como a estrada foi percorrida, a lição dos tropeços talvez seja tão importante como a dos êxitos. E não temos acaso a obrigação de uma franqueza que desvende a natureza daquilo que realizamos?

Pois bem, a partir desta primeira reflexão, passo a expor algumas das lições aprendidas através de alguns erros e incertezas. Quem sabe? Talvez justamente esses erros e tropeços ajudem alguém a orientar-se. Ou será pedir muito, esperar isto?

Os exploradores de sebos encontram às vezes livros de capa berrante, publicados na década de 1940, a maioria pela editora Vecchi, assinados por um nome estranho, Boris Solomonov, e que são um pesadelo em minha vida de tradutor. Pois, na época, lutando com o problema do bilinguismo e não conseguindo expressar-me adequadamente em português, em trabalhos de minha autoria, assinei uma série de traduções que eram um verdadeiro atrevimento, um atentado contra a literatura. Sem a devida formação, sem contato com pessoas que pudessem me criticar e advertir, sem compreender sequer que nenhuma tradução pode ser considerada concluída se não houver um cotejo com o original, por meio da leitura do traduzido em voz alta, encontrei na época editores que se prestaram a encampar o meu desatino de jovem. Dizem-me alguns que foi importante, na época, publicar os grandes autores russos em edições populares, e do jeito como eles foram então publicados. Mas eu não concordo.

Quando o primeiro desses textos saiu, eu já estava tomando consciência das asperezas do caminho que passara a percorrer. Mas, para minha grande surpresa, a crítica os cobriu de confetes, de elogios superficiais, como "texto digno do original", embora, devido ao afastamento linguístico, ninguém, ou quase ninguém, pudesse orientar o público sobre o que seriam esses originais.

Querendo exorcizar o fantasma de nome tão esdrúxulo, Boris Solomonov, e que muitos pronunciavam com a tônica no final, publiquei em 1959 uma coletânea de Tchékhov, *Contos*, com minha seleção, tradução, prefácio e notas em apêndice. Parecia-me que eu já havia amadurecido o suficiente e, para marcar bem a diferença com o trabalho anterior, assinei o livro com o meu nome próprio, na grafia que uso atualmente. Ledo engano! Quando o livro saiu, horrorizei-me com os equívocos e omissões de meu texto.

No entanto, ao pegar um dia o "Suplemento Literário" de *O Estado de S.Paulo*, encontrei ali, na primeira página, o trabalho de Otto Maria Carpeaux, "O Acontecimento", que passou a figurar nas suas coletâneas de ensaios[1] – um texto magistral, uma contribuição brasileira importante à bibliografia sobre Tchékhov, na qual só vejo um defeito: a bondade excessiva com que se referia a minha coletânea, e que me deixou completamente perplexo.

Prometi então a mim mesmo que haveria de refazer aquela tradução, promessa que só pude cumprir em 1985, com o livro *A Dama do Cachorrinho e Outros Contos*, título escolhido por mim para a editora Max Limonad. Trabalhei com afinco, mas, ao reler o texto, ficava satisfeito com alguns dos contos em português, enquanto outros me deixavam a sensação de que deveria trabalhar neles um pouco mais e encontrar soluções melhores. Pude satisfazer este desejo, graças à publicação pela Editora 34 em 1999.

Desenvolvi na década de 1960 uma atividade bastante intensa como tradutor. Já havia superado, então, boa parte das minhas falhas. Os erros e omissões da coletânea de Tchékhov, em sua primeira edição, puderam ser evitados nos livros que se seguiram, graças ao cotejo com o original: o texto era lido para mim em voz alta, enquanto eu o acompanhava em russo. Evidentemente, trata-se de uma prática elementar, indispensável para um mínimo de exatidão, mas foram precisos anos e anos.

Ao mesmo tempo, se eu conseguira eliminar a taxa elevada de equívocos semânticos, um outro perigo me espreitava. Quando leio minhas traduções daquele tempo fico chocado com uma linguagem "literária", engravatada, solene demais. No caso de alguns escritores, isto ainda pode funcionar, mas como reduzir a isto a rebeldia "antiliterária" de Tolstói ou a escrita "relaxada" de Dostoiévski?

Realmente, minha preocupação nos últimos anos tem sido a de superar certa formação tradicional, de autodidata,

---

1. Por exemplo *Vinte e Cinco Anos de Literatura*, p. 174-179.

que estava prejudicando a realização como tradutor. Foi necessário um longo trabalho para que eu aprendesse mais uma verdade palmar: o arrojo, a ousadia, os voos da imaginação, são tão necessários na tradução como a fidelidade ao original, ou melhor, a verdadeira fidelidade só se obtém com esta dose de liberdade no trato com os textos.

Querendo dar um exemplo do que estou afirmando, vou citar trecho de uma comunicação minha em um simpósio:

> A novela de Púschkin, *Dubróvski*, foi traduzida por mim e incluída numa coletânea desse autor, publicada em 1962[2]. Acontece que o segundo capítulo do original contém uma cópia do protocolo autêntico de um caso judiciário da época da ação (início do século XIX). Púschkin simplesmente a reproduziu no seu texto, modificando apenas os nomes dos protagonistas. Escrita em péssimo estilo, com muitas repetições e erros de sintaxe, ela oferece um contraste violento com o texto bem enxuto da novela. Na edição de 1962, porém, eu a substituí por um resumo e só numa nova edição em 1981[3] reconstituí o texto do processo, numa tradução em que procurei transmitir a mistura desajeitada que ali ocorre, de linguagem coloquial e termos jurídicos e de cartório. Assim, uma ousada colagem de 1830 assustou o tradutor de 1960, que somente uns vinte anos depois pôde publicar algo que procurava reproduzir aquela utilização revolucionária da linguagem[4].

Os caminhos são infindáveis e os perigos, múltiplos. Por atalhos pedregosos, procura-se atingir a estrada real. Para que se compreenda como às vezes é difícil alcançá-la, vou citar mais uma vez o trabalho com uma tradução da prosa de Púschkin.

Na minha coletânea de 1962, aparecia um conto cujo título traduzi, então, como "O Empresário Fúnebre". Quando o livro saiu, percebi o que havia de canhestro nesse título em português. O texto de Púschkin é singelo (pelo menos no nível da apreensão imediata), sem nenhuma solenidade, com um toque pronunciado de malícia. E o personagem central é

2. *O Negro de Pedro, o Grande, e Outros Contos.*
3. *A Dama de Espadas.*
4. Tradução: Fidelidade Filológica e Fidelidade Estilística, em *Anais do 1º Seminário Latino-Americano de Literatura Comparada*, p. 75.

18

um pobre artesão estrangeiro, que fabrica os seus caixões de defunto na própria residência, nunca um "empresário". Quando refiz o volume para a edição de 1981, substituí o título por "O Fabricante de Ataúdes". E só recentemente, numa conversa com amigos, percebi, devido a observações que me fizeram: "fabricante" remete de imediato a fábrica, indústria, no sentido corrente e não no etimológico. Na conversa que se seguiu, recebi de Jerusa sugestão de um novo título, muito melhor, por ser direto e simples, ao gosto de Púschkin: "O Fazedor de Caixões". E foi este o título que utilizei numa terceira edição do referido livro de contos em 1999[5].

Elixir e veneno, néctar e fel, "esplendor e miséria", na visão de Ortega y Gasset[6], júbilo e tormento, a tradução é dos atos capitais da vida humana. Há quem veja aí um ganha-pão honesto e muito árduo, uma tarefa como outra qualquer. Mas a verdadeira realização não estará sempre ligada ao desmedido? Acho, por conseguinte, muito necessário, a propósito disso, lembrar as palavras geniais de Pasternak sobre poesia, e que podem ser aplicadas integralmente ao ato de traduzir:

> Ah, se eu antes soubera desta sina,
> Quando me preparava para a estreia,
> Que há morte nestas linhas,– assassinas!,
> Como um golpe de sangue na traqueia.

> Os folguedos desta busca de avessos
> Eu deixaria, inúteis, de uma vez –
> Já tão remoto o esforço do começo,
> Tão temeroso o primeiro interesse.

> Mas a velhice é Roma. Não lhe peça
> Que venha com estórias de ninar.
> Ela exige do ator mais que uma peça,
> Uma entrega total, um naufragar.

---

5. *A Dama de Espadas: Prosa e Poemas*. Esta edição foi acrescida de poemas traduzidos por mim em colaboração com Nelson Ascher.

6. Miseria y Esplendor de la Traducción, *Obras*, v. 2, p. 1363-1380.

Quando o verso é um ditado do mais íntimo,
Ele imola um escravo em cena aberta.
E aqui termina a arte, o pano fecha,
Ao respirar da terra e do destino.[7]

Esta "entrega total" que Pasternak exigia, implica numa caminhada sobre pedras, em obsessão contínua, mas ainda em momentos de raro deslumbramento. E não estará neles a verdadeira recompensa do tradutor?

---

7. Tradução de H. de Campos e B. Schnaiderman, em A. de Campos et al., *Poesia Russa Moderna*, p. 202.

1. CALEIDOSCÓPIO DE TRADUTOR

Do Frade de Pedra à Múmia

Recebo a visita de uma jovem de Recife. Ela vem me consultar a pedido de um grupo de teatro amador, que está montando *As Três Irmãs*, de Tchékhov.

O texto usado é a tradução de Maria Jacintha, que teve sucessivas edições pela Abril Cultural. A tradutora, evidentemente, utilizou como texto intermediário uma tradução francesa, que parece boa, pois a peça em português acompanha de perto o original russo. Mas, nos trechos em que as personagens fazem alguma citação de poema ou canção, a tradutora conservou o texto francês. Ora, mesmo levando-se em conta que o francês era então de uso corrente na Rússia entre as pessoas de certa cultura e posição social, é difícil imaginar Macha, uma das três irmãs, murmurando versos de Púschkin em francês. Mas uma nota da editora insiste, equivocada: "Em francês no original". E depois de algumas linhas, acrescenta: "O efeito sonoro deste verso é intraduzível em português".

"Intraduzível?!" – exclamei surpreendido e em completo desacordo. Afinal, a peça ia ser encenada para um público brasileiro, e o que importava, no caso, era a situação dramática, que seria completamente subvertida pelo texto em francês. E a tradução, neste caso, exigia apenas que se encontrasse, de cada vez, uma sacada.

Assim, Tchebutíkin, uma das personagens, cantarola na penúltima réplica (edição da Abril Cultural): "Ta-ra-ra bum-di-é". Traduzido literalmente o texto russo e eliminando-se uma rima, ele nos dá: "Tara... ra... búmbia... estou sentado sobre um frade de pedra..." Está claro que, neste caso, a tradução semanticamente exata seria ridícula, mas felizmente logo me acudiu uma solução: "Tara... ra... búmbia... eu vejo a múmia..." Pois, neste caso, o que importa não é o significado das palavras que ele cantarola, mas sim, o fato de estar improvisando versinhos sem sentido.

Aliás, a mesma "tararabúmbia" aparece num conto de Tchékhov, "Volódia Grande e Volódia Pequeno", e que, em minha tradução, mudei para "tararabumba", que me parece transmitir melhor em português a brutalidade da situação narrada ali[1].

O Intraduzível Recriado

Contrariando a famosa definição de Robert Frost de que "poesia é aquilo que se perde nas traduções", tenho insistido em que precisamos traduzir justamente aquilo que se considera impossível na língua de chegada. Nosso grande Haroldo de Campos costumava dizer (repetindo então Paulo Rónai em *Escola de Tradutores*) que só se interessava em traduzir

---

1. A. P. Tchékhov, *A Dama do Cachorrinho e Outros Contos*, p. 266.

justamente o intraduzível[2]. Em outros termos, aparece aí algo semelhante ao que afirmava Ortega y Gasset, em seu sempre lembrado "Miseria y Esplendor de la Traducción", isto é, que o homem só cria algo valioso quando trabalha na faixa do impossível[3].

Foi por isso que, participando de um painel sobre traduzibilidade, afirmei com alguma petulância:

chego à conclusão de que os limites da tradução são única e exclusivamente os limites da competência do tradutor, desde que não se considerem fatores contingentes como tempo disponível, possibilidades de reflexão etc. Um bom tradutor, um grande tradutor, pode ter diante de si problemas dificílimos para os quais ele não encontra solução hoje, e que ele não conseguirá resolver amanhã, porém mais dia menos dia, enquanto ele tiver vida, acabará fatalmente chegando a um resultado para muitos dos seus problemas "insolúveis", e esta será a sua solução para o desafio da tarefa[4].

Um dos exemplos mais belos de "tradução do intraduzível" está certamente no livro de Augusto de Campos, *À Margem da Margem*, onde aparecem dois sonetos do poeta italiano Gioachino Belli (1791-1863) com a respectiva tradução para o português. O original foi escrito em romanesco, que foi definido pelo próprio poeta, numa carta citada pelo tradutor: "não é um dialeto e nem mesmo um vernáculo da língua italiana, mas unicamente uma sua corrupção, ou digamos melhor, um seu estropiamento". Augusto acrescenta: "Como dar ao leitor uma ideia da comicidade molecular dessa linguagem desintegrada, lida no original? Algo como um compósito de Gregório de Matos, Juó Bananere e Adoniran Barbosa com a técnica impecável de um soneto petrarquiano..."[5]

---

2. *Metalinguagem & Outras Metas*, p. 34-35.

3. *Obras*, v. 2, p. 1363-1380.

4. Os Limites da Traduzibilidade, em L. A. da Costa (org.), *Limites da Traduzibilidade*, p. 25.

5. Belli, Diabolus in Poesia, *À Margem da Margem*, p. 50-56.

Um destes sonetos, "Er giorno del giudizzio", inicia-se com a quadra:

Cuattro angioloni co le tromme in bocca
Se metteranno uno pe ccantone
A ssonà: poi co ttanto de voscione
Cominceranno a ddí: "Ffora a cchi ttocca".

Ora, como traduzir aqueles "angioloni" do primeiro verso, sem cair no ridículo? Vejamos, pois, a tradução do Augusto:

O Dia do Juízo

Quatro marm'anjos botarão a boca
No trombone, um em cada canto, e então,
Com toda a força dos pulmões dirão:
"É hora, pessoal. Fora da toca!"

Aqueles "marm'anjos" são realmente um achado incrível, que nos faz pensar no prodigioso instrumento que temos em mãos, este maravilhoso português do Brasil.

O problema está em utilizá-lo adequadamente. Aí vai, portanto, mais um exemplo. Em suas reflexões tão sérias sobre o ofício do tradutor, José Paulo Paes lembra que, ao traduzir *Tristram Shandy*, de Sterne, encontrou para a expressão "hurly burly world" o nosso "uma burundanga" (escrevi "nosso" pensando que fosse gíria brasileira, mas, segundo o *Aurélio*, a palavra vem do espanhol "burrundanga").

No entanto, confesso que, em minha prática de tradutor, houve momentos em que tive de recorrer a recursos explicativos. Foi o que sucedeu com o conto de Tchékhov que traduzi para o português com o título "Casa-se a Cozinheira". Constrangido por não encontrar solução melhor, tive de explicar no livro:

Um dos contos deste volume tem como título, na minha tradução: "Casa-se a Cozinheira". Em russo, porém, está: *Kukharka jênitsia*, o que exige uma explicação: *jenítsia*, na realidade, significa "tomar mulher", refere-se ao casamento do homem. Visto que, segundo as regras de regência, o verbo é seguido da palavra *na* (sobre, em cima de), há na expressão um fundo sexual bem acentuado, que se desgastou no uso cotidiano. Já para o casamento da mulher, diz-se *víiti zámuj*, que significa "ir para trás do marido", reminiscência evidente do predomínio masculino absoluto na sociedade russa antiga, onde a autoridade do marido se amparava num código familiar muito severo. Ora, a personagem central do conto, o garoto que vê a cozinheira passar à condição de casada, sente a estranheza de toda a situação daquele casamento de uma pessoa de outra classe, estranheza esta que se manifesta inclusive na confusão linguística por ele perpetrada. Devido àquele erro, o foco narrativo centra-se no garoto desde o título, desde a primeira frase da estória: somente Tchékhov seria capaz de usar uma expressão dessas. E os episódios que os adultos aceitam naturalmente, aparecem desde o início em toda a sua estranheza e absurdo[6].

Vitórias e tropeços, júbilo e tristeza, tudo isto faz do tradutor consciente uma criatura preocupada, sempre às voltas com lucubrações de linguagem.

Um Tarefeiro Imprudente?

Os diálogos publicados entre Jorge Luis Borges e Ernesto Sábato[7] constituem um acervo de pensamentos sobre a literatura e a linguagem, precioso para quem se ocupa de tradução. Nem tudo ali, no entanto, pode ser aceito sem discussão.

Em dado momento, por exemplo, Sábato refere-se a uma passagem da tradução de *Orlando*, de Virginia Woolf, assinada por Borges e aponta as suas características borgianas. Borges observa então que essa tradução fora feita por sua mãe, ajudada por ele, mas não nega aquelas características. Reação de Sábato: "Não vejo nada de ruim. Apenas,

6. Posfácio, em A. P. Tchékhov, op. cit., p. 338-339.
7. O. Barone (org.), *Diálogos Borges-Sabato*.

mostra que é quase preferível um autor ser traduzido por um escritor médio, desajeitado e impessoal, não é verdade?"[8]

Está claro que se trata de uma piada, com "redução ao absurdo". Mas, assim mesmo, parece indicar algo *blasé* e certo ceticismo sobre a tradução em geral. Nossa atitude tem que ser o oposto disso, devemos afirmar sempre a nossa exigência máxima em relação ao trabalho do tradutor como criador e artista, nunca um simples cumpridor de tarefas.

As "Faixas Semânticas"

Em várias passagens do diálogo riquíssimo que mantiveram e que está registrado no livro citado há pouco, Borges e Sábato chamam a atenção para o perigo de se seguir sem maior reflexão uma indicação de dicionário. Ernesto Sábato chega a afirmar: "A rigor, qualquer tradução é falsa, não existem equivalentes exatos", ao que Borges replica: "Isto é culpa dos dicionários, que fizeram acreditar na existência de equivalentes, o que não é verdade".

Como exemplo, Sábato lembra então que "amar" em castelhano não é o mesmo que em francês, pois em francês "se ama" um bife ou o arroz[9].

Outro exemplo citado por ele: *Tierre des Hommes*, de Saint-Exupéry, fora traduzido como *Tierra de Hombres*, como quem diz: "Tierra de machos". Teria sido melhor: "Tierra de los Hombres", isto é, "a terra desses pobres diabos que vivem neste planeta"[10].

O que sucede é que não existe entre uma língua e outra coincidência exata entre o que poderíamos chamar de "faixas semânticas". Trata-se de algo a que todo tradutor experimentado dedica muita atenção e que é fundamental para uma tradução adequada. Enfim, uma das regras não escritas de uma boa tradução.

8. Idem, p. 19.
9. Idem, p. 44.
10. Idem, p. 18.

Um Perigo, a Lógica Estrita e Rigorosa

Tornou-se quase um truísmo afirmar que todo o trabalho do tradutor está muito ligado com a transgressão da linguagem normal, cotidiana, meramente comunicativa. As grandes obras sempre constituem uma ruptura em relação ao que se fazia antes e trazem algo de novo. E este só pode ser captado com ousadia e criatividade.

Certos comportamentos considerados positivos em nosso cotidiano tornam-se um entrave na realização como tradutor. Assim, a preocupação com o bom senso e a sequência lógica faz com que se percam, às vezes, particularidades importantes de um texto.

Tomemos duas traduções do conto "Polzunkóv", de Dostoiévski, uma de Olívia Krahenbühl[11], a outra de Natália Nunes[12]. Sendo ambas indiretas, os defeitos que vou apontar parecem resultar mais da fonte intermediária que do trabalho das tradutoras para o português (aliás, elas provavelmente se basearam em textos diferentes).

No decorrer da narrativa, surge, de repente, no original uma alusão ao fato de que a ação se passa na véspera do dia de Santa Maria Egipcíaca, "dia tão importante", como diz uma personagem ("importante por quê?" – perguntaria alguém possuído pelo diabinho da lógica rigorosa, mas o narrador não se considera obrigado a esclarecer isto). Pois bem, em ambas as traduções, esta alusão é simplesmente omitida. Assim, no texto de Natália Nunes, a personagem diz: "Olhe, já sabe que amanhã é o dia do Santo do meu nome"[13], em lugar de "dia de Santa Maria Egipcíaca".

No entanto, se pensamos na relação deste conto com o conjunto da obra de Dostoiévski, a alusão àquela santa aparece como fundamental, apesar de sua aparente gratuidade. Percebe-se isto quando se considera a figura que este

11. *Obras Completas e Ilustradas*, v. 8, p. 417-435.
12. *Obra Completa*, v. 1, p. 511-522.
13. Idem, p. 515.

nome designa. Como se sabe, trata-se de uma santa que, para realizar uma de suas obras, teve de atravessar um rio, e o único barqueiro exigiu-lhe em pagamento a participação sexual. E ela não teve dúvida em aceder à exigência para cumprir a sua sagrada tarefa.

Ora, alusões a Maria do Egito aparecem em várias passagens da obra dostoievskiana. E isto, naturalmente, não é casual: basta, neste sentido, lembrar Sônietchka Marmieládova, a santa prostituta de *Crime e Castigo*, mas também outras figuras com uma ligação íntima entre o que se considera pecado e a maior elevação moral, como se vê em relação a Nastássia Filípovna, de *O Idiota*.

Isto, evidentemente, tem muito a ver com algumas obras da literatura brasileira. A relação entre pecado e santidade é tema soberano em *Fronteira*, romance de Cornélio Pena. A mesma preocupação, centrada especificamente na figura da santa, encontra-se na "Balada de Santa Maria Egipcíaca" de Manuel Bandeira e na peça *A Beata Maria de Egito* de Rachel de Queiroz.

E certamente estas obras nos aproximam do trecho que foi omitido em ambas as traduções referidas.

Abrasileirar? Manter Afastamento?

Assim como o respeito a uma lógica estrita pode levar a erros como o apontado há pouco, outras normas do que seja uma boa tradução, quando seguidas de modo muito rígido, podem desviar-nos também de uma realização criativa.

Assim, considera-se um defeito grave o abrasileiramento de um texto. Realmente, é muito esquisito aparecerem "fazendas" na Suécia ou na Inglaterra. Aliás, isto não acontece apenas no Brasil. Por exemplo, na imprensa dos Estados Unidos, Fernandinho Beira-Mar tornou-se Seaside Freddy. Mas, será sempre obrigatório evitar o abrasileiramento? Afinal, para traduzir, fazemos transposição de um texto para outra cultura.

Vejamos o caso do poema "Os Doze" de Aleksandr Blok, um dos grandes desafios para tradutores, e que marca um momento importante na cultura russa. É o momento em que, com a Revolução de 1917, são desbancados os valores tradicionais e tudo é revirado de ponta-cabeça. No poema, os dois níveis culturais são expressos pela justaposição de uma linguagem elevada, entre clássica e simbolista, e outra, sarcástica, fustigante, com verdadeira irrupção do linguajar das ruas. Ora, como transmitir isto em português sem recorrer à nossa linguagem popular? Em sua tradução do poema, Augusto de Campos escreveu:

Nossos moços largam casa
Pelo Exército Vermelho,
Pelo Exército Vermelho
Nossos moços largam brasa.[14]

Haveria um caminho melhor para essa tradução? Não me parece.

Temos do mesmo Augusto de Campos uma tradução do poema de Maiakóvski, "A Extraordinária Aventura Vivida por Vladímir Maiakóvski no Verão na *Datcha*", onde se lê no final:

Brilhar para sempre,
brilhar como um farol,
brilhar com brilho eterno,
gente é pra brilhar,
que tudo o mais vá pro inferno,
este é o meu slogan
e o do sol.[15]

Deveria Augusto evitar a citação de Roberto Carlos na tradução de um poema de 1917? Mais uma vez, um procedimento que poderia tornar-se detestável em outro contexto, permitiu uma solução extremamente feliz.

14. Em A. de Campos et al., *Poesia Russa Moderna*, p. 66.
15. Em B. Schnaiderman et al, *Maiakóvski: Poemas*, p. 96.

Vejamos, porém, mais dois exemplos de como o abrasileiramento pode ser valioso ou reprovável, conforme o texto de origem.

Não conhecendo o alemão, não tenho condições de julgar se Herbert Caro, de modo geral, transmitiu bem em português a escrita de Thomas Mann em *A Montanha Mágica*, volume editado pela editora Globo de Porto Alegre. No entanto, o texto se lê bem, há boa fluência e clareza. Em dado momento, porém, aparece uma passagem estranha. A partir da página 564 da edição de 1953 que tenho em mãos, o senhor Mynheern Peeperkorn aparece como um grande apreciador de "cachacinha". Ora, isto em Davos, Suíça.

Realmente, é estranho para o leitor. Mas podemos encampar essa estranheza em todos os casos de abrasileiramento?

Aliás, ando às voltas com este problema desde os meus primeiros passos como tradutor. Inesperadamente, ele me surgiu outro dia, não obstante as dezenas de anos em que me dedico a essa atividade.

Minha neta Luana Chnaiderman de Almeida é professora de português e se dedica especificamente a discutir com os alunos obras de literatura. Pois bem, ela me pediu que fosse comentar com os alunos do 3º ano do Ensino Médio do Colégio Equipe (São Paulo) contos de Tchékhov, traduzidos por mim, na base de uma coletânea que organizei e que vem sendo publicada pela Editora 34: *A Dama do Cachorrinho e Outros Contos*. Pois bem, entre estes figura um dos primeiros que ele publicou, quando usava o pseudônimo de A. Tchekhonté, e que eu denominei: "Pamonha". Um dos alunos, um adolescente, Caio Gaspar Fabri, perguntou-me então: "Mas na Rússia existe pamonha?" Foi só então que percebi a bobagem que tinha cometido. E em vista disso, tratei de mudar o título para "Molenga" nas próximas edições, pois o livro tem grande aceitação e vem sendo reeditado continuamente.

Rosa Freire d'Aguiar traduziu para o português pelo menos dois livros de Louis-Ferdinand Céline: *Voyage au bout de la nuit* e *D'un château l'autre,* que apareceram, respectivamente, como *Viagem ao Fim da Noite* e *De Castelo em Castelo.* Pois bem, em ambos os livros o texto brasileiro caracteriza-se por um tom bem popular, bem nosso e nada livresco. Ora, seria justo evitar este abrasileiramento, se o original francês, no caso de cada um desses livros, choca justamente pelo mergulho na linguagem popular mais desabrida, e esta sempre se liga a marca de lugar?

Enfim, o tradutor não pode ater-se a normas muito rígidas e, em cada caso, tem de fazer apelo à criatividade.

Precisão Semântica e Precisão de Tom

O tradutor deve ficar sempre atento a estes dois tipos de precisão. A tendência quase geral de quem se inicia nessa atividade é concentrar-se na busca da primeira, o que torna muitas vezes o texto explicativo e duro demais. Já o segundo requer uma preocupação com o efeito artístico e certa leveza, que implica, não raro, em relativa liberdade quanto à semântica pura e simples.

Eu me lembro dos anos em que me preocupava com o "escrever bem" e acabava falseando o original, apesar de todas as boas intenções.

Aliás, Pasternak tratou deste mesmo tema, a propósito de traduções russas de Rilke, que ele conheceu pessoalmente quando o poeta alemão viajou para a Rússia e teve relação próxima com Leonid Pasternak, pai do poeta russo. Pasternak escreveu: "Rilke é completamente desconhecido em nosso país. Foram infelizes as poucas tentativas de transmiti-lo em russo. Os tradutores não têm culpa. Eles se habituaram a transmitir o significado e não o tom, e aqui tudo consiste no tom"[16].

Diga-se de passagem, que, depois de escritas estas linhas, surgiram na Rússia traduções de Rilke muito elabo-

---

16. Avtobiografítcheski ótcherk, *Prosa 1915-1956,* p. 19.

radas, com alto nível de realização na língua de chegada, mas não tenho condições de avaliar sua fidelidade ao tom do original.

Embora seja uma reiteração do que já escrevi em outras ocasiões, vou citar agora o exemplo de uma tradução minha em que o tom exato dependia de um pouco de coragem e de afastamento da fidelidade literal.

Em minha tradução de "Eu Mesmo", a curta e admirável autobiografia de Maiakóvski[17], quando o poeta se refere à sua estada na estância balneária de Kuokkala, na Finlândia, e ao seu convívio com os intelectuais russos lá instalados, inclusive o pintor Répin, um vegetariano inveterado, aparece em português: "O sistema dos sete conhecidos (setimal). Dei início a sete relações de jantar. Aos domingos, "janto" Tchukóvski, às segundas Ievréinov, etc. Às quintas, era pior: comia os capinzinhos de Riépin. Para um futurista de estatura quilométrica, era inadequado"[18].

Ora, se eu me ativesse à fidelidade factual, deveria escrever, em lugar de "para um futurista de estatura quilométrica", "para um futurista de um *sajem* de altura", e colocar uma nota de rodapé: "*Sajem*, medida russa equivalente a 2,13m". Sob certo aspecto, estaria correto, mas certamente horrível, pois subverteria o ritmo e o tom da narrativa, que é em períodos curtos, incisiva, sem nada de explicativo. E ao mesmo tempo, a hipérbole é a figura predileta de Maiakóvski, suas metáforas tendem sempre para a hipérbole, de modo que, se ele escrevesse em português, certamente usaria o adjetivo "quilométrico". E por que não utilizar um procedimento caro ao artista criador, se outros trechos de tradução certamente deixarão de transmitir algo?

Outro exemplo: na tradução de *Crime e Castigo* de Dostoiévski por Paulo Bezerra, logo no início, lemos que Raskólnikov, ao sair de sua mísera habitação, ia matutando e fazendo autocrítica sobre o modo como passava o tempo:

17. Em B. Schnaiderman et al., op. cit., p. 29-52.
18. Idem, p. 43.

32

"Pensando bem, eu ando falando pelos cotovelos. É por não fazer nada que falo pelos cotovelos. Ou pode ser assim também: eu falo pelos cotovelos porque não faço nada. Foi nesse último mês que aprendi a matraquear, varando dias e noites deitado num canto pensando... na morte da bezerra"[19]. Ora, no original, em lugar da "morte da bezerra", temos, literalmente: "pensando no czar Ervilha". Esta expressão, em russo, corresponde a "divagando à toa". Mas o tradutor conseguiu uma expressão mais marcadamente popular, como se tem no original. Realmente notável.

Este último exemplo nos mostra que o trabalho do tradutor, quando exercido com garra, tem muito de jogo e de sonho. Vejamos, no entanto, mais alguns exemplos.

Fiquei muito impressionado com a reação de Marina Tzvietávieva ao suicídio de Maiakóvski, definido por ela como *lirítcheski vístriel*, que cheguei a traduzir como "disparo lírico". Do ponto de vista semântico, isto me parece perfeito, mas como expressão poética, acho horrível. Aqueles rr seguidos e a insistência no i acrescentam à expressão algo desagradável. Pensando um pouco mais no caso, chego à frase: "balaço lírico". Do ponto de vista semântico, tenho a substituição do grau normal por aumentativo. Mas, que diferença como texto em nossa língua!

O poema de Maiakóvski, "A Plenos Pulmões", traduzido por Haroldo de Campos, tem esse título e não, por exemplo, "A Plena Voz", que também estaria semanticamente correto.

Um dos fragmentos encontrados entre os papéis de Maiakóvski, após o suicídio, inicia-se, na tradução de Augusto de Campos, com o verso: "Sei o pulso das palavras, a sirene das palavras", o que me parece de vigor extraordinário, mas, no original, não temos "sirene" e sim "toque a rebate". Ora, o máximo de exatidão na tradução poética não exige justamente esta sensibilidade na transposição? Aliás, no mesmo verso a palavra "força" foi substituída por "pulso",

19. *Crime e Castigo*, p. 19-20.

com idêntica eficácia. Enfim, as soluções encontradas para este verso inicial foram decisivas para a realização em português daquele fragmento, em que Iúri Olecha, um dos grandes prosadores russos modernos, sentiu ressoar a voz de Dante[20].

Sei o pulso das palavras a sirene das palavras
Não as que se aplaudem do alto dos teatros
Mas as que arrancam os caixões da treva
e os põem a caminhar quadrúpedes de cedro[21].

Às vezes, a tradução sublinha determinadas características do original, que ali eram menos ostensivas. Assim, *Vidas Secas* de Graciliano Ramos tornou-se em russo *Vidas Ressecadas* (*Issúchenie jízni*), 1961. Mas a tradução literal (*Sukhie jízni*) daria ao título um tom pejorativo em relação às personagens, o que certamente não estava na intenção do escritor.

Sem dúvida, a relação entre o semântico e o poético, este jogo de imaginação e fantasia, acaba constituindo a pedra de toque de uma tradução.

A Aventura dos Títulos

Costuma-se falar muito mal das nossas traduções e às vezes aparecem na imprensa artigos indignados, com um desfiar de pérolas catadas em livros recentes. Trata-se de mazela que ocorre no mundo todo, mas, em nosso meio, ela realmente chega a ser gritante.

Todavia, vale a pena ressaltar o que temos de bom nesse campo. Neste sentido, convém lembrar grandes acertos conseguidos por nossos tradutores na escolha dos títulos.

Veja-se, por exemplo, a tradução de Valdo de Oliveira, para a editora Globo em 1951, do romance de Aldous Huxley, *Brave New World*. Trata-se da citação de um verso de

---

20. No livro póstumo *Ni dniá biez strótchki*, p. 153.
21. Em B. Schnaiderman et al., op. cit., p. 140.

Shakespeare em *A Tempestade*. Mas, como traduzi-lo? Pois bem, a solução encontrada me parece excelente: *Admirável Mundo Novo*. Se eu procuro *Brave* no dicionário Michaelis, só encontro outras traduções da palavra, mas a do título em português transmite com intensidade a ironia do original. Isto fica ainda mais ressaltado quando pensamos na tradução francesa, *Le Meilleur des Mondes*, que soa bem, mas nos remete ao famoso aforismo de Leibniz, neste caso completamente indesejável.

O romance de Somerset Maugham, *The Moon and Six Pence*, foi traduzido para o francês como *L'Envoûté* (O Enfeitiçado), título que me parece muito infeliz. Pois bem, o tradutor brasileiro encontrou solução muito melhor: *Um Gosto e Seis Vinténs*[22]. Embora se tenha perdido a metáfora da lua, este título parece bem incisivo.

A tradução dos títulos de filmes, às vezes, é desastrada, mas outras vezes, ocorrem verdadeiros achados. É o caso, por exemplo, do famoso filme estrelado por Marilyn Monroe, *Some Like it Hot*, e que no Brasil circulou como *Quanto Mais Quente, Melhor*, que parece até superar o original (Que pena! Não consigo citar agora o nome do tradutor).

Quando eu estava traduzindo o conto de Tchékhov, "Olhos Mortos de Sono", que aparece na minha coletânea *A Dama do Cachorrinho e Outros Contos*, acabei copiando conforme explico no apêndice, o título da tradução indireta de Carlos M. A. Bittencourt para a coletânea *Cem Obras-Primas da Literatura Universal*, publicada pela editora Pongetti, do Rio de Janeiro, provavelmente em fins da década de 1940 (devo esta informação a meu amigo Hélio Pólvora). Mas a tradução literal seria muito mais prosaica e menos tchekhoviana: "Tem-se Sono".

Um dos contos mais belos de Dostoiévski traz um título muito difícil de traduzir, *Krótkaia*, mas em traduções brasileiras, tanto diretas como indiretas, conseguiu-se chegar bem próximo do original: *Uma Doce Criatura*; *A Dócil*;

---

22. Tradução de Gustavo Nonnenberg, publicada pela Globo em 1941.

A Tímida (este é pior); *Ela era Doce e Humilde*; *Uma Criatura Dócil*. Mas, na tradução de Ruth Guimarães[23], e, aliás, também numa tradução mais antiga, de outra editora, o título é *Krótkaïa*. Por incrível que pareça, é isto mesmo, com aquele trema no i, que indica certamente uma tradução do francês. Realmente, o que adianta para o leitor francês ou brasileiro ler, transliterada, no título, aquela palavra russa, tão arrevesada para um ocidental?

Outras vezes, porém, títulos existentes em outras línguas ajudaram o tradutor brasileiro. Assim, o segundo volume da trilogia autobiográfica de Górki tem em russo o título *V liúdiakh*, muito difícil de transmitir em outra língua. Ele significa: "entre as pessoas; no mundo; sendo gente; ganhando o próprio sustento". Aliás, para os russos, ele tem uma conotação irônica, pois a frase mais usual tem o verbo no infinitivo, *víiti v liúdi*. O tradutor para o francês, Serge Persky, encontrou uma solução que parece muito boa: *En gagnant mon pain*, título que aproveitei na minha tradução, *Ganhando Meu Pão*, conforme ficou explicado em diversas edições.

Alguns editores se julgam no direito de alterar o título, mas esta prática, convém ressaltar, era muito mais frequente no passado.

O famoso livro de Vladímir Propp, *Morfologia do Conto Maravilhoso* (em russo *Morfológuia skázki*) tinha o título de *Morfologia do Conto de Encantamento* (*Morfológuia volchébnoi skázki*), mas foi encurtado pelo editor, e isto certamente contribuiu para que se atribuísse à obra uma generalidade contra a qual o autor se opunha.

Tive algumas experiências desagradáveis desse tipo, junto à editora Vecchi no final da década de 1940. A novela *Dubróvski*, de Púschkin, acabou saindo como *A Águia Negra*[24], título de um filme nela inspirado e que não tem nada a ver com o texto. Já o romance curto de Tolstói, *Khadji-Murát*,

23. Em F. Dostoiévski, *Contos*.
24. O livro foi assinado por mim com pseudônimo. Atualmente, essa novela está incluída na coletânea *A Dama de Espadas*: *Prosa e Poemas*.

saiu pela mesma razão como *O Diabo Branco*[25]. O editor ainda queria que eu traduzisse o conto *O Chefe da Estação*, também de Púschkin[26], para ser publicado com o título *Dúnia, a Pecadora da Estepe*, que seria também o título de uma coletânea. Eu não quis assumir a tarefa, o filme alemão nela baseado acabou não vindo ao Brasil, e Púschkin escapou assim de mais um atentado.

Sem dúvida, o problema do título já tirou o sono a muitos tradutores.

Os Títulos – Mais um Caso

Agora, vou repetir-me de novo e tratar de um caso que está narrado no apêndice a uma antologia de contos de Tchékhov que organizei e traduzi[27].

Ele vacilou muito, antes de encontrar o título para o seu conto *Poprigúnia*, e que eu traduzi como "Ventoinha". Mas, realmente, o seu empenho na busca do título valeu a pena. Em russo, quer dizer, em tradução literal, "A Saltitante". Ora, isso remete diretamente à versão russa de "A Cigarra e a Formiga" de La Fontaine, de autoria de A. Krilóv (1768-1844), e que se inicia com o verso "A saltitante libélula", pois a cigarra francesa foi substituída por uma libélula (mais familiar para os russos do norte, onde não há cigarras), apesar daquela estranha imagem de uma libélula cantadora e saltitante. Mas a fábula entrou com tamanha força no repertório cultural que as pessoas acabam esquecendo esta incongruência.

Evidentemente, a tradução para o português só podia deixar de lado estas conotações do título original, e eu acabei tendo de explicá-las no apêndice.

25. Este livro foi reelaborado por mim e teve mais quatro edições com o título de *Khadji-Murát*.
26. Atualmente incluído, em minha tradução, na coletânea *A Dama de Espadas: Prosa e Poemas*.
27. *A Dama do Cachorrinho e Outros Contos*.

Aliás, *poprigúnia* é feminino de *poprigun*, derivado de *prigat* (pular, saltar). Eu me lembro, na minha infância, pouco após a Revolução, os adultos ficavam conversando sobre uns misteriosos *poprigúni*, que usavam na sola do sapato uns dispositivos com molas, que lhes permitiam deslocar-se aos pulos, com a maior rapidez, para assaltar transeuntes incautos e fugir velozmente. Esqueci-me por muito tempo daquelas conversas, mas tornei a lembrá-las quando li, na trilogia de Aleksiéi Tolstói, *Andança pelos Tormentos*, um episódio em que aparecia um dos famigerados *poprigúni* (o título remete ao texto medieval russo *Andança da Mãe de Deus pelos Tormentos*).

Segundo me lembro, era comum chamá-los de *poprigúntchiki*, no diminutivo, com uma esquisitíssima conotação carinhosa.

Traduzir-se

Não será nenhuma novidade dizer que a tradução é inerente ao humano, pois, ao comunicar-me, estou verbalizando meu processo interior. A própria vida está ligada à tradução, basta pensar no DNA etc. etc.

A obra de alguns pensadores modernos ajuda-nos a compreender isto. Na minha opinião, e na medida em que posso julgar, Júlio Plaza interpretou de modo claro e incisivo o pensamento do norte-americano Charles Sanders Peirce sobre esse tema:

> Por seu caráter de transmutação de signo em signo, qualquer pensamento é necessariamente tradução. Quando pensamos, traduzimos aquilo que temos presente à consciência, sejam imagens, sentimentos ou concepções (que, aliás, já são signos ou quase-signos) em outras representações que também servem como signos. Todo pensamento é tradução de outro pensamento, pois qualquer pensamento requer ter havido outro pensamento para o qual ele funciona como interpretante[28].

28. *Tradução Intersemiótica*, p. 18.

Lendo e relendo passagens como esta, lembro-me logo do poema "Traduzir-se" de Ferreira Gullar, que termina assim:

Uma parte de mim
é só vertigem:
outra parte, linguagem.

Traduzir uma parte
na outra parte
– que é uma questão
de vida ou morte –
será arte?[29]

Tudo isto se relaciona certamente com a visão cósmica, que Mikhail Bakhtin nos dá:

A vida por sua natureza é dialógica. Viver significa participar de diálogo: interrogar, prestar atenção, responder, concordar etc. Neste diálogo o homem participa todo e com toda a sua vida: com os olhos, os lábios, as mãos, a alma, o espírito, o corpo todo, as ações. Ele se põe inteiro na palavra, e esta palavra entra no tecido dialógico da vida humana, no simpósio universal[30].

Uma Posição Iconoclasta

Contrariando a noção consagrada de que o tradutor não deve nunca melhorar o original, Murilo Mendes reproduz, a propósito da tradução que Augusto de Campos, Haroldo de Campos e Décio Pignatari fizeram dos *Cantares* de Ezra Pound, o que este lhe teria dito: "É uma boa tradução. As boas traduções têm a vantagem de esconder os defeitos dos originais"[31]. Tem-se aí, pelo menos, um motivo para reflexão.

29. Em A. Bosi (org.), *Os Melhores Poemas de Ferreira Gullar*.
30. Trecho de um projeto de reelaboração de *Problemas da Obra de Dostoiévski*, de 1929, que resultaria em *Problemas da Poética de Dostoiévski*, de 1963. O projeto em questão já está traduzido para o português em *Estética da Criação Verbal*, p. 337-357.
31. *Poesia Completa e Prosa*, p. 1277.

Está claro que esta afirmação não pode ser transformada em norma, e, sobretudo, não pode ser interpretada de modo imediatista. Assim, se eu tenho em Dostoiévski um estilo que não é propriamente requintado, embora tenha uma beleza peculiar, devo procurar transmiti-lo com este espírito.

Além disso, temos de levar em conta, neste caso, certas circunstâncias biográficas: libertado do manicômio judiciário onde fora recolhido por colaboração com os nazistas, Pound estava numa fase de autoflagelação contínua.

O que a afirmação nos lembra, porém, é a necessidade de utilizar ao máximo, na medida de nossas forças, os recursos da língua. E quando a língua nos permitir um enriquecimento do texto, por que não utilizar isto?

Temos um bom exemplo na tradução russa do título de *Le Bourgeois-gentilhomme* de Molière: *Mieschanin v dvoriânstvie*.

Literalmente, isso nos dá: "O Pequeno-Burguês entre a Nobreza", mas, na realidade, o título é muito mais rico, pois *mieschanin* significava uma pessoa que não pertencia à nobreza, não era eclesiástico nem militar, mas, ao mesmo tempo, o termo tem, em alguns contextos, uma conotação bem pejorativa, pois traz à lembrança, de modo muito mais forte que em outras línguas, a noção de mau gosto e vulgaridade.

Os Pequenos-Burgueses

A famosa peça de Górki circulou no Brasil com este título, na encenação inesquecível de José Celso Martinez (aliás, o *Aurélio* nos dá "pequeno-burgueses"). No entanto, o termo pode dar margem a confusão. De modo geral, a palavra russa *mieschanin* se traduz como *pequeno-burguês*. Mas nem sempre a faixa semântica do termo russo coincide exatamente com o correspondente em português.

Por exemplo, em *Ganhando Meu Pão*, segundo volume da trilogia autobiográfica de Górki, e cuja tradução eu já publiquei em quatro editoras diferentes, sempre com uma nova revisão, a avó sai com o menino para distribuir esmolas a *mieschânie*. Ora, teria cabimento traduzir o termo, neste caso, por "pequeno" ou "pequenos-burgueses"? Às voltas com o problema, não pude evitar, neste caso, uma nota de rodapé[32].

"Ralé"

Foi este, no Brasil, o título de outra peça, igualmente famosa, de Górki. No entanto, ele está completamente errado. Literalmente, o título *Na dnié* significa "No Fundo". Tratando de miseráveis num albergue noturno, quer dizer que eles chegaram ao fundo da sociedade, à parte mais baixa, como se fosse o fundo de uma garrafa, e que depois disso não havia para onde ir. Aliás, foi Leonid Andréiev quem sugeriu a Górki este título muito bom, em lugar do primeiro: "No Fundo da Vida" (*Na dnié jízni*).

No filme impressionante de Kurosawa, baseado nesse texto, o albergue aparece como que afundado no solo (pelo menos na minha lembrança).

Ora, o título da tradução brasileira, aliás bem sonoro, e que por isto mesmo se consagrou, dá à peça um tom pejorativo em relação àqueles indigentes, mas Górki jamais admitiria isto, e o próprio texto parece um protesto contra semelhante denominação.

A Camisola de Dormir que Vira Penhoar

Acontece, às vezes, ocorrerem no texto traduzido alterações por injunção do editor, devido a coação política ou moralista.

Defrontei-me com situações deste tipo, sobretudo no início de minha atuação como tradutor.

32. Ver p. 44.

O segundo livro que traduzi foi *A Fossa*, de Aleksandr Kuprin (1870-1938), para a editora Pan-Americana, do Rio de Janeiro, um romance cujo tema é a prostituição e que se inicia com a dedicatória (minha tradução na época): "Sei que muitos hão de considerar esta novela imoral e indecente. Mesmo assim, dedico-a de todo o coração às mães e à juventude".

Pois bem, um dos capítulos trata do suborno de um inspetor de polícia por uma cafetina (a prostituição era oficialmente reconhecida na Rússia czarista, e os respectivos estabelecimentos ficavam sob controle, recebendo cada uma das moças o famoso "passaporte amarelo").

Eu me dava então muito bem com o editor e o diretor literário, o escritor De Sousa Júnior (Augusto Gonçalves), hoje esquecido, um tipo afável, bem moreno, barba cerrada num rosto jovem, de boa prosa, que me estimulou muito e com quem eu mantinha longas conversas, muito confortadoras naquela fase difícil de minha vida, pouco antes de minha convocação pelo exército e embarque para o *front* italiano, na Força Expedicionária Brasileira. E estes meus novos amigos me explicaram que era absolutamente indispensável eliminar aquele episódio, para evitar uma apreensão pelos "esbirros do DIP" (o Departamento de Imprensa e Propaganda do Estado Novo). Segundo eles, a narração do suborno poderia parecer uma alusão a situações brasileiras. Fiquei transtornado, mas tive de me render à evidência, e o livro saiu sem o malsinado episódio.

Ora, logo no início de *Memórias do Cárcere*, de Graciliano, lemos: "Nunca tivemos censura prévia em obras de arte. Efetivamente se queimaram alguns livros, mas foram raríssimos esses autos de fé"[33]. (Pela sequência do texto, percebe-se: ele queria atingir escritores que tentavam justificar pelo clima de coação a sua debilidade criativa).

Por aí se vê a diferença de situação entre um escritor consagrado e quem ficava à mercê dos editores apavorados

33. Ver p. 5.

com aqueles "autos de fé", que, segundo ficou documentado, não foram tão escassos como Graciliano afirma.

A memória é teimosa, e agora me vêm à lembrança outros fatos ocorridos durante o Estado Novo.

Eu havia assistido aos doze ou treze anos ao filme *Nada de Novo na Frente Ocidental*, baseado no famoso romance de Erich Maria Remarque, então um *best-seller*. Fiquei muito impressionado, e esse filme reforçou em mim um sentimento antibelicista, que vinha de anos antes, quando eu me revoltava contra canções patrioteiras impingidas às crianças, como "A Canção do Soldado", que se inicia com a quadra (estou citando de memória):

> Amo tanto e estremeço esta terra,
> Quero tanto o meu vasto país
> Que se um dia partir para a guerra
> Eu irei bem contente e feliz.

Como era possível alguém ir "contente e feliz" para uma guerra?

Numa das cenas do filme baseado no livro de Remarque, apareciam soldados procurando um bordel, e depois eles ficavam enrolados em panos e de busto nu. Revi o filme durante o Estado Novo, e esta cena fora retirada.

Outra mutilação que testemunhei no final dos anos trinta teve como vítima o *Aleksandr Niévski*, de Eisenstein. Para disfarçar a origem russa, o título fora mudado para *Cavaleiros de Ferro*. E no extenso letreiro do início, onde se diz que os russos, então sob o domínio dos tártaros, viam surgir no Ocidente uma nova ameaça – os cavaleiros teutônicos –, a palavra "russos" fora substituída por "eslavos". Enfim, a própria História tinha de submeter-se às normas vigentes.

Interferências semelhantes são bastante comuns por este mundo afora. O temor da palavra escrita continua existindo, apesar de todas as facilidades da difusão de textos, graças à Internet. Aliás, muito antes da *glasnost* de Gorbatchóv, o meu amigo francês, o poeta e teórico da literatura

Léon Robel, então membro do partidão, me dizia não compreender como o sistema russo poderia continuar existindo num mundo em que tudo se comunicava cada vez mais velozmente.

Ora, o tradutor fica sempre sujeito às pressões do meio, sobretudo as pressões de quem controla a difusão dos livros.

Um exemplo bem típico disso é o modo como os livros de Jorge Amado, tão difundidos na Rússia Soviética, foram publicados lá. Ainda na década de 1950 passou uns dias em São Paulo um dos principais tradutores de Jorge na Rússia, Iúri Kalúguin. Eu o tinha secretariado quando ele se instalara no Rio de Janeiro, pouco após o término da guerra, como correspondente da Tass (Agência Telegráfica da União Soviética), e me dera com ele muito bem. Estava de volta para acompanhar uma delegação de cientistas soviéticos, na condição de tradutor de obras literárias brasileiras e conhecedor do Brasil, embora nos meses em que eu trabalhei com ele não tivesse demonstrado grande interesse pela nossa cultura (ao mesmo tempo, devo reconhecer que algumas soluções em textos por ele traduzidos me parecem muito felizes).

Pois bem, ele me confessou: "Sabe de uma coisa? Eu acho os livros de Jorge carregados demais de erotismo. Agora sim, parece que ele entrou no caminho certo. *Subterrâneos da Liberdade* é um livro como a gente gosta".

Portanto, não é de admirar que os romances de Jorge saíssem lá bastante amaciados. Assim, o título tão saboroso *Farda, Fardão, Camisola de Dormir* acabou aparecendo em russo como *Pálmovaia vietv, pogôni i penhuar* (Palma, Dragonas e Penhoar)[34].

Todavia, semelhantes deturpações não ocorreram somente na União Soviética ou sob outros regimes ditatoriais. Assim, Paulo Rónai conta que, em 1964, a censura francesa proibiu o título de um filme, *La Femme mariée*, que teve de ser mudado para *Une Femme mariée*, a fim de não

---

34. Tradução para o russo de Aleksandra Vagdanovisco.

dar ideia de um comportamento licencioso das francesas casadas em geral[35].

Lembrança de um Pioneiro

Em fins da década de 1920, os amigos de meus pais eram em grande parte de Riga, ou melhor, tinham se fixado em Riga, Letônia, após a Revolução, residindo ali por alguns anos e vindo depois para o Brasil.

Havia entre eles um homem alto e magro, orelhas em abano, que haveria de deixar sua marca na divulgação da literatura russa no Brasil. Era Iúri Zeltzóv, e que usava a assinatura George Seltzoff (a forma afrancesada acabava dando certo chique intelectual) nos livros da Biblioteca de Autores Russos, por ele fundada e dirigida.

Seu *modus operandi* consistia no seguinte: sabendo mal o português, ele ia traduzindo os textos como podia, em voz alta, para dois escritores em início de carreira, Brito Broca e Orígenes Lessa, que os redigiam em nossa língua. Aliás, a então mulher de Orígenes, Elsie Lessa, chegou a traduzir com Zeltzóv pelo menos um livro.

Nunca fiz cotejo dessas traduções com os originais, mas seria possível nessas condições um resultado satisfatório? Apesar de todo o talento desses escritores brasileiros, não seriam inevitáveis os mal-entendidos, os erros de leitura? De qualquer modo, foram editados assim diversos livros, entre os quais *Ninho de Fidalgos*, de Turguêniev, *Khadji-Murát*, de Tolstói, *Um Jogador*, de Dostoiévski (louve-se, neste caso, a utilização do artigo indefinido, em lugar do definido, que se consagraria devido a outras traduções) e *Enfermaria n. 6*, de Tchékhov. Lembro-me também de que ele os vendia a conhecidos brasileiros e pedia que lhe indicassem possíveis compradores.

O próprio Zeltzóv era, sem dúvida, um apaixonado pela leitura. Alguns autores brasileiros que lhe caíram nas

35. *A Tradução Vivida*, p. 79-80.

45

mãos deixaram-no fascinado, a tal ponto que ele traduziu então para o russo *A Marquesa de Santos* de Paulo Setúbal, um *best-seller* na época. Chegou a imprimir sua tradução, utilizando para tal fim a gráfica de um jornal que monarquistas russos editavam em São Paulo (lembro-me vagamente de alguns números, com notícias mirabolantes sobre a queda próxima do sistema comunista na Rússia – isso na década de 1920; em casa, falava-se muito mal desse jornal, mas ele acabava sendo trazido por algum amigo).

Iúri Zeltzóv ficava lendo em voz alta passagens de sua tradução, com ênfase especial nos episódios libidinosos. Brilhavam-lhe então os olhos e seus lábios se cobriam de saliva.

Nos anos subsequentes, eu o encontrei pouquíssimas vezes. Deixara a atividade editorial e dedicava-se ao comércio, sem muito êxito. Soube depois, por acaso, de seu falecimento. Alguns títulos daquela coleção aparecem às vezes em sebos, e eu os vi também citados em teses universitárias recentes sobre literatura russa.

Tradução e Tam-Tam-Tam

Entre os quatorze e quinze anos, além das angústias comuns na adolescência, vivi uma intensa crise de identidade.

Sem abandonar minha ligação forte com o mundo russo e as minhas cópias de poemas de Púschkin ou Lérmontov, num caderno, eu vivia um deslumbramento com o Brasil e a língua portuguesa. O país me atraía com a sua história, mas, sobretudo, com a esfuziante natureza, que eu conhecia de fotografias e uns ligeiros vislumbres: um sítio nos arredores de São Paulo, de onde se avistava um trecho da serra da Cantareira que me deslumbrou; estadas em Santos; excursões ao Guarujá (então, um acontecimento!), de balsa e, depois, o bondinho elétrico, que atravessava uma várzea repleta de bananeiras. E eram também bananeiras e laranjais a perder de vista entre Cubatão e Santos e, ainda, num calhambeque Chevrolet, aquela fantástica Estrada do Mar, com a famosa

Curva da Morte, que fazia os viajantes prenderem a respiração, com medo de serem atirados ao abismo. E as cachoeiras, aquelas árvores, cipós e orquídeas, o escuro da mata! Sem falar do sistema de cremalheira, que me deixava maravilhado, quando se subia ou descia a serra de trem.

Minha vida no Mackenzie era, sobretudo, a imersão na linguagem e na literatura, um delírio: tudo o mais parecia secundário, as notas nas demais matérias (fazia-se ênfase nas "ciências exatas") me causavam aborrecimentos em casa, mas como eram boas as horas em que eu cabulava alguma aula de álgebra ou química, para me esconder num cantinho da biblioteca: Portugal e Brasil acabavam misturando-se, o que importava era o novo vínculo com a língua do país. Isto me tornava menos "gringo" e me aproximava dos colegas.

O entusiasmo com que eu mergulhava nesse mundo foi percebido por vários professores, que me estimularam muito. Aqui, certamente cabe uma palavra de gratidão. Creio que geralmente não se faz justiça ao que ficamos devendo às professoras de então, pois, não tendo acesso a quase nenhuma outra atividade profissional, a mulher acabava dando o melhor de si à formação dos jovens. Havia nisso certamente entusiasmo profissional e boa dose de instinto materno.

É com saudade que me lembro da biblioteca do Mackenzie, baseada no sistema norte-americano, o que nos permitia apanhar os livros nas estantes e utilizá-los ali mesmo. Lembro-me da sombra acolhedora entre as estantes e do verde das árvores que se via pela janela.

Por um golpe de sorte, tomei então contato com a prosa de João Ribeiro, tanto os artigos como os contos de *Floresta de Exemplos*, cuja lembrança persistente faria com que eu escolhesse o escritor sergipano como tema da monografia que apresentei, já nos fins dos anos de 1960, como requisito numa das instâncias de minha atividade universitária[36].

---

36. João Ribeiro Atual, *Revista do Instituto de Estudos Brasileiros*, n. 10, p. 65-84.

Estou agora em dúvida sobre a inclusão destas lembranças aqui, mas afinal tudo isto se refere à tradução, não podemos desligá-la da vida (ah, Paulo Rónai!). E sem esse lastro de emoções, eu certamente não estaria agora aqui, martelando as teclas de minha Olivetti portátil, que não se fabrica mais no Brasil e cujo tam-tam-tam marca o ritmo destas minhas divagações.

Lampejos

Todo tradutor de poesia com alto nível de realização tem os seus *morceaux de bravoure*, devidos a momentos em que a obra que se traduzia levou a soluções particularmente felizes na língua de chegada.

Vejamos, neste sentido, um poema de Apollinaire traduzido por José Paulo Paes.

CHAPEAU-TOMBEAU	CHAPÉU-MAUSOLÉU
On a niché	Empoleirado
Dans son tombeau	No teu chapéu
L'oiseau perché	Eis aninhado
Sur ton chapeau	Num mausoléu
Il a vécu	O passarinho.
En Amérique	Veio de um zôo
Cet petit cul	Lógico
Or	O seu cuzinho
Nithologique	Ornitológico?
Or	Lógico!
J'en ai assez	E vou me já
Je vais pisser	Que vou mijar[37].

E agora convém acrescentar: esta alegria, leveza e bom-humor moleque saíram da pena, isto é, do computador, de um homem que estava fechado em casa, de perna amputada

---

37. *Gaveta de Tradutor*, p. 90-91.

e depois de sentir dores horríveis. Em casos como este, certamente, além de ato desmedido, a tradução adquire algo de heroico (mesmo que ele tenha utilizado anotações mais antigas).

Linguagem Comum e Jargão Profissional

Para traduzir bem, é claro, não basta transpor um texto em linguagem gramaticalmente correta. Cada grupo humano tem a sua, específica, a ser captada e transmitida na língua de chegada.

Ao defrontar-me com este problema, lembro-me sempre de um episódio de minha mocidade.

Formado engenheiro-agrônomo pela Escola Nacional de Agronomia, localizada, então, no Rio de Janeiro, num edifício do começo do século xx (ou fins do xix?), com leões imponentes na entrada, só poderia registrar diploma depois de naturalizado e quite com o serviço militar (exigência da legislação do Estado Novo).

Sem recursos para contratar advogado ou despachante, fiquei peregrinando pelas repartições respectivas, inclusive as policiais, para conseguir a naturalização, dificultada certamente pelo fato de eu ter nascido na Ucrânia, então parte da União Soviética. Na fase final, deveria encaminhar o meu requerimento a um juiz, acompanhado da respectiva documentação.

A vara onde meu caso ia ser julgado tinha à frente um juiz famoso por seus despachos truculentos, em que zombava, sobretudo, das incorreções de linguagem dos requerentes. Prevenido disso até por alguns comentários na imprensa, caprichei o mais que pude no meu requerimento e, ao que parece, não deixei escapar nenhum deslize gramatical.

Entregue o documento, voltei no dia marcado para saber o resultado. Um funcionário me mostrou então o despacho: "Requeira em termos e volte, querendo". Surpreendido com aquele "em termos", pedi ajuda ao mesmo funcionário, que me deu um modelo para copiar. Depois disso, tudo correu bem, pois o que o juiz queria era apenas enquadrar-me na linguagem burocrático-judiciária em lugar do meu português cotidiano e corriqueiro. Aliás, de novo uma tradução.

Uma Lição de Tolstói

Fico sempre surpreendido com a habilidade de Tolstói ao captar a linguagem e o modo de ser de suas personagens de diferentes camadas sociais.

Neste sentido, parece-me, sobretudo, importante um episódio de *Guerra e Paz*. O major de hussardos, Dienissov, dança ali mazurca polonesa com Natacha, a mais sedutora personagem feminina do romance. Pois bem, Tolstói descreve com toda a minúcia os movimentos do par, os volteios, o aproximar-se e afastar-se um do outro, tudo isto expresso em termos que parecem indicar: o narrador não fez outra coisa na vida senão dançar mazurca polonesa[38].

A força vital, a humanidade e exuberância das personagens tolstoianas estão ligadas a esta capacidade de captar as peculiaridades e o linguajar de cada grupo humano.

Enfim, uma lição para nós outros, tradutores.

Tradução e Espírito de uma Língua

Uma das grandes dificuldades para o tradutor consiste em que se passa algo que foi escrito numa língua, ligado às características de uma cultura, para outra língua de características bem diferentes.

Um dos exemplos mais fortes, neste sentido, nos é dado por Vladímir Nabokov, que passou a escrever em inglês quando já era um escritor consagrado em russo (aliás,

---

38. Parte IV, Cap. 12.

ele faz questão de afirmar que seu caso é muito diferente do que sucedeu a Conrad, consagrado como escritor inglês sem ter publicado nada em sua língua nativa, o polonês).

Num curto prefácio a sua autobiografia em russo, a que deu o nome *Druguíe bieregá* (Outras Plagas), ele dá conta de sua luta desesperada, quando a memória estava modelada pelo russo, de acento musical e que deixava sempre algo em suspenso, e ele se impunha a tarefa de escrever no espírito da língua inglesa, isto é, de modo circunstanciado, definido.

Pois bem, ao tentar traduzir para o russo suas memórias que em inglês se chamam *Conclusive Evidence*, toda essa luta voltou a atormentá-lo e ele se viu incapacitado para a tarefa, acabando por escrever outro livro. Por conseguinte, "o livro russo agora apresentado se relaciona com o texto inglês como o texto impresso se relaciona com o cursivo ou como um rosto que encara de frente se relaciona com um perfil estilizado"[39].

Um Momento Raro

Finalmente! A publicação da correspondência de Guimarães Rosa com seu tradutor alemão, Curt Meyer-Clason[40], nos põe em contato com um documento extraordinário para os que se preocupam com a tradução. A par da correspondência com o tradutor italiano, Edoardo Bizzarri[41], temos aí algo de importância excepcional: um grande escritor que se detém diante do trabalho de seus tradutores, que dialoga tanto com eles, a ponto de se tornar praticamente um cotradutor e incluí-los em seu próprio trabalho criador.

---

39. *Druguíe bieregá*, p. 8.
40. M. A. F. M. Bussolotti (org.), *João Guimarães Rosa, Correspondência com seu Tradutor Alemão Curt Meyer-Clason (1958-1967)*.
41. Ver E. Bizzarri (org.), *João Guimarães Rosa, Correspondência com seu Tradutor Italiano Edoardo Bizzarri*.

Há verdadeira volúpia em sua abordagem dos textos em outra língua e só mesmo um apaixonado pela expressão verbal em diferentes idiomas seria capaz de produzir algo tão grandioso como aquelas cartas, onde ele chega a sugerir soluções em italiano e alemão.

É verdade que ainda falta publicar em livro o seu diálogo epistolar com a tradutora norte-americana Harriet de Onis, que está conservado no Instituto de Estudos Brasileiros, da Universidade de São Paulo, e do qual existe cópia mimeografada. Isto além de outras cartas que tratam certamente desse tema.

Sim! Tinha muita razão Paulo Rónai, quando, num artigo de 1971, via nessa correspondência, então inédita, um complemento indispensável da própria obra, "um documento sem qualquer analogia não só em nossas letras, mas talvez em toda literatura universal"[42].

É difícil, ou melhor, impossível dizer qual dos dois conjuntos é mais importante. Em ambos fulgura aquela chama, aquela paixão pela linguagem, típica de Rosa, mas partilhada por ambos os tradutores.

Meyer-Clason lhe escreve em alemão, mas os textos das cartas aparecem traduzidos para o português, graças ao trabalho de Erlon José Paschoal. Já Bizarri escreve num excelente português do Brasil, com uma dignidade e leveza invejáveis, a dignidade e leveza de um verdadeiro escritor. Este fato parece ainda mais notável quando lembramos que ele tem obra ensaística em italiano, muito apreciada pela crítica.

Arrisco-me a dizer que Bizarri captou admiravelmente o cotidiano da tradução, as nuances de expressão típicas de Rosa, enquanto Meyer-Clason levantou com muita ousadia alguns problemas do ato tradutório e conseguiu dar não só passos importantes ligados a ele, mas acabou expressando a própria metafísica da tradução. Aliás, em mais de uma

---

42. Guimarães Rosa e seus Tradutores, *Jornal da Tarde*, São Paulo, 16 out. 1971, apud M. A. F. M. Busolotti (org.), op. cit., p. 26.

passagem, tanto Rosa como seu tradutor alemão insistem em que isto realmente é decisivo, e muito mais vital que a exatidão linha a linha.

Este fato se liga certamente ao modo como Rosa via o aparecimento de seus textos em alemão. Aliás, na primeira carta que escreveu a Meyer-Clason, ele já dizia: "A tradução e publicação em alemão me entusiasma, por sua alta significação cultural, e porque julgo esse idioma o mais apto a captar e refletir todas as nuances da língua e do pensamento em que tentei vazar os meus livros"[43].

Em mais de uma página dessa correspondência, agora divulgada, encontrei a confirmação de certas opiniões sobre a tradução, a que havia chegado com muito esforço. Veja-se, por exemplo, o que escrevi neste livro[44] sobre os perigos de uma preocupação excessiva com o desenvolvimento lógico (na ocasião, o livro da correspondência entre Guimarães Rosa e Curt Meyer-Clason ainda não tinha saído).

Aliás, depois de referir-se a certos trechos obscuros na tradução de *Corpo de Baile*, por Bizzarri, Rosa afirma a seu tradutor alemão:

> Mas o *Corpo de Baile* tem de ter passagens obscuras! Isto é indispensável. A excessiva iluminação geral, só no nível do raso, da vulgaridade. Todos os meus livros são simples tentativas de rodear e devassar um pouquinho o mistério cósmico, esta coisa movente, impossível, perturbante, rebelde a qualquer lógica, que é a chamada "realidade" que é a gente mesma, o mundo, a vida. Antes o obscuro que o óbvio, que o frouxo. Toda lógica contém inevitável dose de mistificação. Toda mistificação contém boa dose de inevitável verdade. Precisamos também do obscuro.
>
> Em geral, quase toda frase minha tem de ser meditada, mesmo as aparentemente curtas, simplórias, comezinhas, trazem em si algo de *meditação* ou de *aventura*. Às vezes as duas coisas, *aventura* e *meditação*. Uma pequena dialética religiosa, uma utilização, às vezes, do paradoxo; mas sempre na mesma linha constante, que, felizmente, o Amigo já conhece, pois; mais felizmente ainda, somos

---

43. M. A. F. M. Bussolotti (org.), op. cit., p. 70.
44. Ver supra, Um Perigo, a Lógica Estrita e Rigorosa, p. 27.

um pouco parentes, nos planos, que sempre se interseccionam, da poesia e da metafísica[45].

Ainda na mesma carta, escreve pouco adiante: "Sempre é melhor explicar menos e deixar a frase mais intensa, concentrada, forte". Esta opinião coincide, aliás, com o que Meyer-Clason lhe havia escrito pouco antes.

E assim como a lógica torna-se, às vezes, armadilha para o tradutor, o mesmo acontece com a preocupação gramatical. Rosa escreve: "Observo, também, que quase sempre as dúvidas decorrem do 'vício' sintático, da servidão à sintaxe vulgar e rígida, doença de que todos sofremos"[46]. Isso tem a ver naturalmente, com uma afirmação de Meyer-Clason: "Mais importante – para mim – é o tom da palavra falada do que a linguagem impressa. Se a frase não tem ritmo não contém verdade – uma verdade que vem comprovada pela prosa poética de João Guimarães Rosa a cada passo e compasso" (observe-se aqui o torneio ágil do tradutor da carta)[47].

Enfim, dá vontade de transcrever, na íntegra, ambos os livros. De agora em diante eles estão aí com o seu acervo riquíssimo de ideias e lições.

Mas, sobretudo, temos neste caso uma afirmação categórica da tradução como obra criativa e, assim, são particularmente valiosas as afirmações reiteradas de Rosa no sentido de que, tanto em alemão como em italiano, determinadas passagens superaram o original. Mais ainda, ele chegou a afirmar mais de uma vez que iria modificar determinados trechos de *Grande Sertão: Veredas*, na base de soluções encontradas pelo tradutor alemão.

É verdade que, em relação a algumas páginas, dá vontade de discutir, contra-argumentar, sobretudo no caso de algumas cartas de Meyer-Clason, aliás particularmente inclinado a teorizar e discutir ideias. Minha objeção maior foi

45. M. A. F. M. Busolotti (org.), op. cit., p. 10.
46. Idem, p. 238-239.
47. Idem, p. 49.

suscitada pela sua afirmação: "Toda interpretação mata a poesia à medida que dá mastigado para o leitor o que este deveria captar com sua imaginação"[48]. Realmente, não há nada a objetar a este apelo à imaginação em qualquer leitura. Mas a interpretação será apenas isto? E será possível transpor criativamente um texto sem que haja interpretação por parte do tradutor?

Parece-me bem mais correta a posição de Sebastião Uchoa Leite, que, ao comentar a sua tradução da poesia de Villon[49], afirmou que o tradutor é um "intérprete do texto" e acrescentou pouco adiante: "É o paradoxo da tradução, dividida entre ser criação e ser interpretação"[50], com uma referência direta ao *Paradoxo do Comediante* de Diderot. Ou talvez se trate de duas concepções diferentes sobre interpretação?

Mas, deixando de lado estas minhas rabugices, tenho de reconhecer: certamente, pouquíssimas vezes apareceu de modo tão incisivo como na correspondência entre Guimarães Rosa e Curt Meyer-Clason a íntima relação entre a criação de uma obra literária e sua tradução.

Um Tradutor no Redemoinho

A tradução perfeita não existe, o erro nos espreita em cada esquina.

Quem tratou disso admiravelmente foi Leone Ginzburg, num artigo incluído em seu livro póstumo *Scrittori russi*. Agora, tenho de tratar, ainda que sucintamente, desse escritor e tradutor italiano.

Em nosso meio, são muito conhecidos os nomes da romancista Natalia e do historiador Carlo Ginzburg, res-

48. Idem, p. 228.
49. Ver *Poesia de Francis Villon*.
50. O Paradoxo da Tradução Poética: Notas sobre o Pequeno e o Grande Jogo na Poesia de François Villon, em F. I. Pinkusfeld de Bastos (org.), *A Interpretação*, p. 241.

pectivamente mulher e filho de Leone. Mas, enquanto ele é lembrado na Itália como estudioso da literatura russa, tradutor de obras clássicas, e uma das grandes figuras da resistência ao fascismo, seu nome não soa familiar ao leitor brasileiro.

Nascido em Odessa, Ucrânia, em 1909, foi levado pelos pais para a Itália, ainda criança, e morreu na prisão de Regina Coeli, de Roma, em 1944, sob tortura, pouco antes da entrada dos aliados na cidade.

Por mais incrível que pareça, aos 23 anos já era professor de literatura russa na Universidade de Turim. Nesse período, desenvolveu uma atividade literária intensa, num grupo de que também faziam parte Norberto Bobbio, Carlo Levi e Cesare Pavese. Gianni Sofri escreveu que a editora Einaudi foi, em grande parte uma criação dele e que acabou carregando essa marca por muitos anos[51]. Também, nessa época, manteve uma correspondência intensa com Benedetto Croce.

No entanto, permaneceu pouco no cargo universitário. Preso em 1934, depois de se ter recusado a prestar fidelidade ao regime fascista, cumpriu pena de dois anos de prisão, tendo a seguir residência forçada na região dos Abruzzi. Mas no intervalo entre a prisão e o degredo, participou novamente da vida cultural em Turim. Em 1938, foi privado da cidadania devido aos antecedentes políticos e a sua condição de judeu. Viveu sob identidade falsa e foi preso novamente em novembro de 1943, na tipografia do jornal clandestino que dirigia.

Paralelamente a seus escritos políticos, publicava artigos sobre literatura russa em revistas de cultura, reunidos em seu livro referido acima.

Apresenta um interesse especial para nós o texto "Ancora del tradurre", onde comenta um artigo de Ettore Fabietti, publicado na revista *Pegaso*[52].

---

51. Ginzburg, Leone, em M. Caravale (ed.), *Dizionario biografico degli italiani*, v. LV, p. 58.
52. *Scrittori russi*, p. 207-211.

Depois de citar passagens em que o referido autor ataca traduções do russo então aparecidas, Leone Ginzburg aponta nestes textos alguns erros, inclusive o de atacar passagens perfeitamente corretas, e acrescenta: "Fabietti cometeu certamente enganos ao traduzir certo número de volumes, como os terei cometido eu, malgrado a consciência com que cumpríamos o nosso trabalho". Aliás, no desenrolar de sua argumentação sobre os inevitáveis equívocos em qualquer tradução, ele aponta um erro de Dante ao traduzir o virgiliano "Auri sacra fames".

Mas, finalizando o artigo, reconhece que Fabietti tivera o mérito de apelar para a honestidade literária dos tradutores e, exemplificando os extremos a que chegava a incúria dos responsáveis pelas publicações, cita um conto publicado num dos jornais considerados "meglio fatti" da Itália. Esse conto chamava-se "Canzone senza parole" e aparecia com a assinatura de Púschkin. No início, lia-se: "Il jazz infuriava", embora Púschkin tenha morrido em 1837.

Depois dessa, fica realmente difícil criticar as bobagens que aparecem, às vezes, sobre a Rússia em nossos periódicos.

Pensando neste e em outros textos de Leone Ginzburg, aos quais devo tantos ensinamentos, sinto um travo amargo, pois foram bem poucos os momentos em que a discussão da literatura russa no Ocidente atingiu este nível de realização.

Post-Scriptum

Como o texto referido de Leone Ginzburg lembra o nosso João Ribeiro! Respondendo em 1890 aos que punham em dúvida a sua correção gramatical, ele escreveu: "Assim, pois, meus senhores, amigos e inimigos, frades e confrades, sabei que eu sou um pecador velho, como *vos omnes*"[53].

---

53. *Correio do Povo*, 18 set. 1890, apud M. Leão, *João Ribeiro*, p. 103.

Um Caso de Tradução no Cinema

Realmente, todo apreciador de filmes conhece inúmeras citações. Lembremos, por exemplo, a cena do bebê na escadaria de Odessa, no *Encouraçado Potiômkin*, que aparece como citação paródica em *Os Intocáveis*, dirigido por Brian de Palma.

Mas no filme *Conterrâneos Velhos de Guerra*, em que Vladimir de Carvalho narra a saga dos operários nordestinos que edificaram Brasília, há mais que citação, uma verdadeira tradução do filme de Eisenstein, há pouco citado, para as circunstâncias brasileiras.

Aparecem as condições desumanas em que eles trabalhavam, o excesso de horas de labuta, a exaustão de muitos, as quedas do alto de um andaime etc.

Ocorre então um motim, referido nas versões mais contraditórias pelos que souberam do evento, na ocasião, ou nele tomaram parte. Em todas elas, porém, a eclosão se dá no momento de se servir alimento deteriorado aos candangos, e isto remete imediatamente ao filme de Eisenstein, mas não é apenas remissão, há propriamente um ato tradutório.

Percebe-se com clareza que Oscar Niemeyer teve imediatamente a percepção disso, quando interrogado sobre o que realmente acontecera. Daí a sua ira, o descontrole, filmado com a maior crueza, e que se torna um dos grandes momentos do filme.

Em outra passagem, ele fala contristado sobre os compatriotas que haviam construído a capital magnífica e não tinham nela um canto para residir com suas famílias. Pudera: temos aí a fala de um comunista convicto, que havia construído uma grande cidade de destinação capitalista. Mas aquele momento em que ele parece compreender, de chofre, estar diante de um episódio que é tradução brasileira da revolta do encouraçado, imprime à sua figura um toque trágico e de grandeza humana difícil de esquecer.

Adonirando o Blues

Foi Haroldo de Campos quem nos apresentou Edvaldo Santana, roqueiro da Zona Leste de São Paulo, sambista e autor de blues. Depois, Jerusa P. Ferreira me ajudou a mergulhar no mundo da sua obra, o que foi ainda reforçado pela entrevista que ele concedeu a ela e Odailton A. Aguiar[54].
Vivendo num meio muito marcado pela presença de emigrados do Nordeste, ele expressou esta experiência numa série de canções, mas, sobretudo, em "Variante":

No Rio São Francisco navega o vapor
Que navegou no Mississippi
O Rio São Francisco deságua sua dor no Tietê.

Realmente, foram muito poucas as vezes em que a saga trágica da migração nordestina foi expressa com tal intensidade.
Finalizando a canção, ele revela uma verdadeira aspiração de tradutor:

Se eu pudesse aproximava os tempos
Adonirava o blues

Sem dúvida, esse tam-tam-tam de minha Olivetti portátil se insere em algo muito mais amplo, algo rico e intenso, ligado à experiência artística, ao mundo e sua expressão.

Nuances do Coloquial

No coloquial, aparecem, às vezes, certas nuances de expressão muito difíceis de reproduzir no texto escrito.
Um exemplo de rara felicidade surge na tradução livre de um *limerick* de Edward Lear, por Tatiana Belinky

---

54. Beira de Campo – Entrevista com o Músico da Zona Leste Edvaldo Santana, *Projeto História*, n. 24, jun. 2002, p. 381-413.

(ela o aproxima ainda mais de nós, chamando-o de "li-merique"):

Um certo senhor de Pistoia
Costuma indagar: Tudo joia?
Indaga também:
– Daí, tudo bem?
Metido senhor de Pistoia![55]

Não disponho agora do texto inglês, porém mesmo sem consultá-lo, só posso exclamar: "Bonito!"

As Notas do Tradutor – Sempre uma Calamidade?

Estou plenamente de acordo com a afirmação de Guimarães Rosa, numa carta a seu tradutor alemão, Curt Meyer-Clason, sobre a necessidade de explicar o menos possível numa tradução[56]. Lembro-me, além disso, do que falou alguém sobre o caráter pernicioso de qualquer nota de tradutor. Eu mesmo já cheguei a escrever que, devido a essas notas, num texto ficcional acaba aparecendo, além do tempo da enunciação e do tempo do enunciado, o tempo da tradução[57].

Mas será possível evitar sempre as malsinadas notas?

Vejamos um caso de minha prática tradutória.

O poema de Joseph Brodsky, "Sobre a Morte de Jukov" foi traduzido por mim em colaboração com Nelson Ascher[58]. Eu me encarreguei da tradução em prosa, que foi depois retrabalhada por Nelson com uma habilidade rara. É com certeza um dos pontos altos de sua obra de tradutor de poesia.

Concluída a minha parte, escrevi uma nota para comunicar ao leitor dados sobre o texto em questão.

Aqui está o resultado e diga-me o leitor se era possível evitar a parte explicativa:

55. *Um Caldeirão de Poemas*, v. 1, p. 13.
56. Cf. M. A. F. M. Bussolotti (org.), op. cit., p. 238.
57. Posfácio, em F. Dostoiévski, *O Eterno Marido*, p. 210.
58. J. Brodsky, *Quase uma Elegia*, p. 22-25.

ВRE A MORTE DE JUKOV

НА СМЕРТЬ ЖУКОВА

а vejo netos, fila a fila, atentos,
carreta, o cavalo e um ataúde.
vento que me chega não alude
оs sopros russos a tocar lamentos.
ondecorado jaz quem fora forte:
grande Jukov parte para a morte.

Вижу колонны замерших внуков,
гроб на лафете, лошади круп.
Ветер сюда не доносит мне звуков
русских военных плачущих труб.
Вижу в регалии убранный труп:
в смерть уезжает пламенный Жуков.

uerreiro que arrasou muros malgrado
ma espada pior que a do oponente,
ıe, ao manobrar com brilho inigualado,
i o Aníbal do Volga – e surdamente
ıdou seus dias como Belisário
Pompeu, em desgraça e sem amparo.

Воин, пред коим многие пали
стены, хоть меч был вражьих тупей,
блеском маневра о Ганнибале
напоминавший средь волжских степей.
Кончивший дни свои глухо, в опале,
как Велизарий или Помпей.

erramar tanto sangue de soldado
в estrangeiro o deixara contrafeito?
mbrou-se deles ao morrer num leito
ınco e civil? Quem sabe está calado.
ıe lhes dirá quando, no inferno agora,
contrá-los? "Lutei pela vitória".

Сколько он пролил крови солдатской
в землю чужую! Что ж, горевал?
Вспомнил ли их, умирающий в штатской
белой кровати? Полный провал.
Что он ответит, встретившись в адской
области с ними? „Я воевал".

зov não há de erguer mais, pelejando
r uma causa justa, a mão direita.
pousa! A história russa não rejeita
na página àqueles que, em comando,
ırchavam bravos sobre solo alheio,
ıs voltavam ao próprio com receio.

К правому делу Жуков десницы
больше уже не приложит в бою.
Спи! У истории русской страницы
хватит для тех, кто в пехотном строю
смело входили в чужие столицы,
но возвращались в страхе в свою.

Letes – Marechal – há de sedento
gar estas palavras e os teus restos.
cebe-as, pois tributos são modestos
ıem salvou a pátria – isto eu sustento.
fa, tambor, ressoa sem demora,
ıta marcial, que nem ave canora.[59]

Маршал! поглотит алчная Лета
эти слова и твои прахоря.
Все же, прими их — жалкая лента
родину спасшему, вслух говоря.
Бей, барабан, и военная флейта
громко свисти на манер снегиря.

74)

---

59. Este poema tem algo das odes russas do século XVIII e, sobretudo, dos
versos de Púschkin em memória de Kutuzov, o vencedor de Napoleão na
campanha da Rússia. Aliás, Brodsky usou o mesmo número de estrofes e
de versos e um esquema de rimas bem semelhante. Tudo isso, porém, sublinha as diferenças, pois o poema de Púschkin foi escrito dezoito anos após
a morte do marechal e constitui uma evocação de sua imagem gloriosa, no

Influências? Configuração Subliminar? Bruxedo?

Estou lendo *Formas Breves* de Ricardo Piglia, escritor que eu não conhecia, e chego a uma conclusão muito estranha: eu o estava imitando neste "Caleidoscópio" antes de o ter lido. Como foi possível? Não creio no sobrenatural, nem aceito a noção de "inconsciente coletivo" de Jung.

No entanto, o convívio com páginas como os *Textos Cautivos* ou algumas de *El Hacedor*, de Borges, além de algo do *Último Round* de Cortázar e das *Aguafuertes Porteñas* de Roberto Arlt, aliados a um pouco de Macedonio Fernández, criaram para mim uma atmosfera que vejo desembocar nestas *Formas Breves*.

Mas, nisso que escrevo, não aparece também a marca do incomparável Zóschenko? O Zóschenko de quem traduzi para o meu *Os Escombros e o Mito*: "Escrevo muito condensado. Tenho a frase curta. Acessível aos pobres. Talvez por isso eu tenha muitos leitores"[60].

Influências? Não! Prefiro falar de vivências incorporadas. O tradutor carrega em si todas as vivências incorporadas pela leitura, há virtualidades que se efetivam no ato

momento em que o exército russo lutava para sufocar a grande rebelião polonesa de 1831.

O marechal Gueórgui Constantínovitch Jukov foi o grande comandante russo na guerra com os nazistas. Chefe do Estado Maior em 1941-1945, ele dirigiu a defesa de Moscou e a contra-ofensiva em Stalingrado, que marcou a virada na sorte da Segunda Guerra Mundial; obrigou os alemães a levantar o cerco de Leningrado, repeliu-os da Rússia, tomou Varsóvia e, depois, Berlim, assinando em nome da União Soviética a ata da rendição.

Provavelmente por causa dos temores de Stálin de um golpe bonapartista, foi destituído em 1947 do comando da Zona Soviética de Ocupação da Alemanha, passando a comandar a região militar com sede em Odessa. Após a morte de Stálin, continuou em desgraça e, em 1957, foi eliminado do Comitê Central do Partido Comunista. Morreu em 1974.

Sua condição de herói nacional e, ao mesmo tempo, vítima do ostracismo explica a alusão a Belisário e Pompeu. O primeiro foi um grande cabo de guerra bizantino do século VI, que acabou sendo destituído do comando pelo imperador Justiniano I. Pompeu chegou a exercer o poder supremo em Roma, sendo vencido por Júlio César na guerra civil que se seguiu à sua nomeação pelo Senado. Foi morto em Mileto em 48 a.C.

60. Cf. p. 122.

de traduzir. Daí o segredo de certos *insights* incríveis que encontramos em trabalhos de grandes tradutores.

Não terá isto a ver com o que Jakobson nos diz em seu "Configuração Verbal e Subliminar em Poesia"[61]?

O Estranhamento como Tradução

Em meu pequeno livro, *Leão Tolstói: Antiarte e Rebeldia*, procurei mostrar como o "estranhamento", detectado por Vítor Schklóvski, em seu conto "Kholstomier – História de um Cavalo", mais conhecido no Ocidente por este subtítulo, é característico de toda a obra de Tolstói e, como exemplo, citei algumas passagens do conto "O Prisioneiro do Cáucaso". Escrevi então:

A presença do popular, a oposição a uma cultura essencialmente livresca, foi uma constante em Tolstói desde os primeiros escritos. Nina Gourfinkel sublinhou particularmente, no livro *Tolstói sem Tolstoismo*, o fato de que as traduções francesas geralmente "amaciam" Tolstói, atenuando-lhe a rispidez, o tom de franqueza brutal com que muitas vezes se expressava. O famoso "estranhamento", que Vítor Schklóvski apontou em Tolstói, em "A Arte como Procedimento", de 1917, (com muitas traduções, inclusive uma brasileira[62]) tem relação evidente com esta franqueza brutal. Para Schklóvski, aliás, na esteira de muitos autores mais antigos, o que caracteriza o fenômeno artístico é que ele desautomatiza a visão usual das coisas e torna absolutamente novo aquilo que era corriqueiro. Pois bem, Tolstói realmente atinge este efeito pelo uso das expressões mais comuns, mais correntes, desvinculadas da tradição literária. Um objeto é descrito de modo direto, sem os requintes e eufemismos impingidos pela formação escolar.

Vítor Schklóvski mostra como isto acontece, na base de um conto, "Kholstomier (História de um Cavalo)", 1886. Aí, vista pelo olhar de um bicho, a sociedade dos homens aparece em todo o seu

61. *Lingüística, Poética, Cinema*, p. 81-92.
62. Em D. de O. Toledo (org.), *Teoria da Literatura: Formalistas Russos*, p. 39-56.

absurdo, e ressaltam-se os seus aspectos monstruosos, pelos quais passamos sem perceber.

É preciso frisar, no entanto, que este procedimento é característico de Tolstói sempre, e não apenas nos momentos em que aparece alguém observando de fora o que sucede entre os humanos.

Vejamos alguns exemplos do conto "O Prisioneiro do Cáucaso". O título evoca para os russos um tema romântico por excelência: as montanhas do Cáucaso, os montanheses rebeldes e nobres de caráter, como foram representados pelo romantismo russo e, particularmente, como aparecem num poema narrativo de A. S. Púschkin, que tem o mesmo título e que representou na obra do poeta um momento de adesão aos temas românticos. O próprio Tolstói se embevecera com a natureza caucasiana e com a vida dos cossacos que habitavam o sopé da cordilheira, conforme aparece com particular vigor em *Cossacos*. Voltando-se contra a idealização romântica, o contista em certa medida atacava as suas próprias inclinações para exaltar o natural, o selvagem, o primitivo. Isso não teria contribuído para tornar o desmascaramento mais implacável?

O início já marca o tom da narrativa. Talvez se possa traduzi-lo assim: "Um patrão servia de oficial no Cáucaso. Chamava-se Jílin". Usei "patrão" para traduzir *bárin*, que significa geralmente grão-senhor, mas no conto aparece num sentido mais coloquial, de pessoa que não era do povo mais simples, mas nem por isso se destacava especialmente por sua condição. O próprio sobrenome é dos mais corriqueiros, e o fato de se apresentar alguém apenas pelo sobrenome já indica um relato bem familiar, enquanto no poema de Púschkin tudo é solene, elevado. Aliás, Jílin vem de *jila*, veia, e contribui para que se perceba no personagem alguém essencialmente vital em sua rudeza.

Os nativos são designados pelo narrador como "tártaros". Na realidade, eles deveriam ser avarianos, tchetchenos ou circassianos, mas para o russo comum todos os muçulmanos eram "tártaros", e o nome adquire conotação bastante pejorativa, em virtude do longo período em que os russos estiveram sob domínio tártaro na Idade Média. Chamando-os assim, o narrador identifica-se com o personagem e tudo é visto a partir deste.

Tudo é tratado com o maior toque de vida cotidiana. Assim, quando se alude ao cavalo de Jílin, diz-se o seu preço, que deveria ser realmente preocupação constante do oficial.

Este vê os "tártaros" numa ocasião em que se afastara da tropa com um companheiro, para conseguir comida, mas, quando surge o perigo, o companheiro o abandona, apesar do trato que fizeram de não se separarem. Isto contrasta abruptamente com os sentimentos nobres descritos por Púschkin, e que acodem à mente de um russo apenas com a menção do título do relato (não se passa incólume pelos bancos escolares e pela repetição constante daquele poema romântico).

Os nativos o aprisionam. São violentos, brutais. O narrador fala de "dois tártaros fedidos", enquanto em Púschkin se trata de "povo maravilhoso", "filhos do Cáucaso" etc.

No poema, os montanheses sonham com "as carícias das prisioneiras olhinegras". No conto, a descrição das mulheres que aparecem contribui para o clima de realidade brutal, sem enfeites. Todas são "mulheres de calças", embora exista em russo a palavra *charovári* para as calças orientais largas, usadas por homens e mulheres.

No poema, uma "virgem das montanhas" apaixona-se pelo prisioneiro e leva-lhe comida. No conto é uma garota de treze anos, bonita, mas "fininha, magrinha". O modo de sentar das nativas é descrito por Púschkin assim: "tendo dobrado os joelhos", mas Tolstói é muito mais direto e brutal: "sentou-se de cócoras". E ela ainda partia dando um salto "como uma cabra selvagem".

Quando aparece um minarete, o narrador diz: "uma igreja deles, com torrezinha". Só mais tarde é que vai aparecer o termo evitado na primeira descrição. Para dizer que um dos nativos usava turbante, o autor escreve: "Tinha uma toalha por cima do gorro". E só bem adiante surge o termo "literariamente adequado".

Tolstói descreve a alimentação e a bebida dos montanheses como algo muito primitivo: massas gordurosas e cerveja ordinária, enquanto em Púschkin aparecem "vinho" e "painço níveo".

Toda a narrativa foi realizada num estilo despojado e conciso, bem diferente dos longos períodos compostos por subordinação, abundantes em *Guerra e Paz* e *Ana Karênina*. O desmascaramento tolstoiano, sua revolta contra a falsidade que via na atitude de um escritor, de um artista, manifesta-se plenamente na própria construção da linguagem.

Conforme afirmei há pouco, o "estranhamento" é constante em sua escrita. É o caso, por exemplo, do trecho de *Khadji-Murat* em que aparece de repente: "mijou", palavra que nas edições soviéticas é sempre substituída pela inicial seguida de reticências. Ora, aparecendo num texto literário da época, ela é completamente inesperada e estranha. Mas esta retidão nas falas, este modo de dizer as coisas diretamente, sem enfeites, é típica de Tolstói. Chegou a anotar no diário, no início de sua atividade literária: "*Regra. Chamar as coisas pelo nome*" (Grifo do autor: anotações em 17.01.1851.)[63].

---

63. *Leão Tolstói: Antiarte e Rebeldia*, p. 43-47.

O que faltou realmente em meu texto foi indicar que o estranhamento apontado ali é uma verdadeira tradução da linguagem "culta" e literária para o usual e comezinho de pessoas como o oficial em questão. O desmascaramento se dá ali por um procedimento tradutório. E o próprio estilo despojado e conciso, tão diferente de boa parte da obra de Tolstói, inclusive *Guerra e Paz* e *Ana Karênina*, embora esteja próximo das histórias em seus livros de leitura para crianças camponesas, sublinha ainda mais o fato de estar traduzindo ali um texto de Púschkin – um conto romântico dando origem a um registro em termos realistas e cotidianos.

Cuidado com os Eufemismos!

Um dos grandes perigos para a transmissão adequada de um texto é a timidez, a falta de coragem na tradução de um original que trate de temas sexuais de modo franco, desabusado.

Assim, logo no início de *Guerra e Paz*, aparece o príncipe Ipolit: "Ele estava de fraque verde-escuro, com calças cor de *cuisse de nymphe effrayée*, como ele mesmo dizia"[64].

A edição russa que tenho à mão traz no rodapé uma "tradução" da frase em francês: "cor do corpo de uma ninfa assustada", pois o anotador da edição soviética[65], evidentemente, não pôde traduzir "cuisse" por "coxa", como está numa tradução portuguesa[66]. Isto parece particularmente grave em relação a Tolstói, com a sua preocupação de "chamar as coisas pelo nome".

No entanto, tais pruridos "puritanos", que acabam resultando numa censura de texto, não são exclusivos dos regimes totalitários, e eu mesmo cheguei a incorrer nesta fraqueza.

Assim, em minha recente tradução de *Niétotchka Niezvânova* de Dostoiévski[67], aparecem trocas amorosas de

64. Parte I, cap. III.
65. Em *Sobrânie sotchiniênii*, p. 20.
66. Em *Obra Completa*, v. 1, p. 367.
67. São Paulo: Editora 34, 2002.

duas meninas, uma das quais é a narradora desse romance inacabado. Em determinada passagem, lemos palavras da narradora: "Não chorou? Ah, malvada! – gritou a princesa, apertando os labiozinhos contra mim, com toda a força, numa sucção". Pois bem, confrontando o texto deste romance inacabado na minha tradução recente com o da anterior[68], constato que nesta faltava a referência à "sucção". Ora, deste modo, o excesso de pudicícia me fazia escamotear o fato de que Dostoiévski estava ali narrando com a maior naturalidade um caso de sexualidade infantil, numa época em que ela era vista como um caso patológico.

Recentemente, fiquei impressionado com a persistência dos eufemismos numa época e num meio que pareciam tê-los superado completamente.

É sabido que a derrocada do regime comunista na Rússia foi acompanhada de uma quebra dos tabus sexuais e profusão de imagens até então impensáveis. Assim, quem ia a Moscou e São Petersburgo defrontava-se com anúncios escandalosos de espetáculos de *striptease* e quejandos, numa abundância cansativa. As artes plásticas, o cinema, a ficção, a poesia, tudo ficou marcado por esta verdadeira explosão.

Todavia, lendo agora a tradução russa do vasto trabalho de Vladímir Nabokov, que acompanha o seu texto inglês do *Ievguêni Oniéguin*, o romance em versos de Púschkin, fiquei surpreendido com a pudicícia dos editores.

O autor traduz para o leitor inglês um epigrama notável do poeta russo, suscitado por ilustrações do romance, obra de um artista da época. Nele, o romancista em versos aparece junto a uma das pontes de São Petersburgo:

Bunda apoiada no granito, o
Próprio Aleksandr Sierguéitch Púschkin
Proseia com Ievguêni Oniéguin[69]

68. Em F. Dostoiévski, *Obras Completas e Ilustradas*, v. 10.
69. *Comientárii k* Ievguêniu Oniéguinu *Aleksandra Púschkina*, p. 193.

Pois bem, no livro, a palavra indesejável foi substituída por reticências. Ora, para quê tanto subterfúgio? As edições soviéticas pelo menos colocavam as reticências depois da letra inicial.

Enfim, temos aqui uns poucos exemplos dos estragos que os pruridos moralistas causam nos textos literários.

Ainda, Tolstói e a Tradução

Ele dedicou-se à tradução em diversas ocasiões. Assim, no período em que manteve uma escola para crianças camponesas em sua propriedade, em Iásnaia Poliana (1859-1882), foi preparando cartilhas e livros de leitura, sempre na base de historietas. Ora aproveitava, então, o acervo mundial de narrativas, ora se valia do folclore russo ou expunha fatos do cotidiano das crianças. Ao recontar fábulas e lendas, evidentemente, usava de grande liberdade, sempre em função do público a que se dirigiam.

Anos depois, foi colecionando uma série de narrativas para leitura a familiares e amigos que o visitavam, em sua propriedade ou na residência em Moscou, e que ele acabou reunindo na coletânea *Circulo de Leitura* (1906). Tolstói se permitia então muitas liberdades e acrescentava sua própria opinião sobre os temas tratados.

Aliás, suas grandes qualidades de tradutor podem ser constatadas em muitos textos de ficção, inclusive *Guerra e Paz*. Veja-se, por exemplo, a habilidade com que aponta, nos primeiros capítulos dessa vasta epopeia, o francês, ora canhestro ora impecável, das personagens da nobreza e o russo desajeitado de alguns, quando se dirigiam aos criados e às vezes até com sotaque francês. Mas, sobretudo, releia-se a cena da caçada ao lobo, onde aparece com frequência gíria de caçador e que o narrador vai traduzindo para o russo corrente, dando ao leitor simultaneamente dois registros[70].

70. Parte VII, capítulos 4 a 6.

Somente um tradutor privilegiado seria capaz de semelhante proeza.

Viva a Estranheza Gramatical!

Uma das grandes dificuldades da tradução consiste em procurar, na língua de chegada, o correspondente à estranheza, tão frequente nos grandes textos literários.

Por exemplo, como dar em outra língua a seguinte passagem de *Grande Sertão: Veredas*: "Tanto gabado elogio que não me mudou, não me fez. Descareci"[71]? Ou na mesma página de nossa epopeia: "Ao tanto com o esforço meu, em esquecer Diadorim, digo que me dava, entretanto, uma tristeza no geral, um prazo de cansado". Os grandes conhecedores do alemão e do italiano podem ter agora a satisfação de investigar como Edoardo Bizarri e Curt Meyer-Clason encontraram soluções para tais passagens em italiano e alemão, respectivamente.

Muitos escritores, em diferentes países, tiveram dificuldades para a aceitação de suas ousadias de construção gramatical. Foi o caso, por exemplo, do escritor russo Korniéi Tchukóvski. Ele passou anos elaborando o livro *Ot dvukh do piati* (De Dois a Cinco), em que reuniu as suas observações sobre a linguagem das crianças[72]. Partindo do princípio de que a criança articula dos dois aos cinco anos a sua apreensão do mundo pela linguagem, ele tratou de indagar, na base de sua observação empírica, como isto acontecia.

Uma das conclusões a que chegou foi que a criança procura seguir uma norma lógica, sem levar em conta as exceções, tão ilógicas em qualquer língua. Procurando a correspondência em português ao que ele afirmou, podemos lembrar que, ao dizer "cabeu" em lugar de "coube", a criança segue a sua própria lógica interior.

71. Cf. p. 177.
72. Este livro chegou a ser comentado em nossa imprensa por Tatiana Belinky.

O livro foi muito bem aceito, mas, quando ele passou a escrever contos para crianças de acordo com a linguagem destas, teve que se haver com a censura e diversos de seus contos foram proibidos no período stalinista. Foi o caso particularmente do continho em versos sobre um crocodilo que aparece caminhando pelas ruas da cidade.

Ora, "crocodilo", em russo, é *crocodil*, um substantivo masculino. Tchukóvski, porém, escreveu: "Pó úlitze khodila / Bolchaia crocodila".

Numa tradução livre para o português, Tatiana Belinky nos deu: "Na rua andava à toa / Enorme jacaroa"[73]

Deste modo, pude ver em nossa língua uma historieta que me encantou poucos dias antes de minha família emigrar para o Brasil.

Encontramos também transgressões gramaticais em letras tantas vezes sofisticadas da MPB. Neste sentido, tivemos recentemente um momento muito forte com a canção "Até quem Sabe", letra de Lysias Ênio e música de João Donato, com aquele desfecho lancinante: "Até um dia, até talvez, / Até quem sabe ..."

Enfim, o afastamento de normas muito rígidas de construção sintática favoreceu mais de uma vez a plena realização de um texto. Cabe ao tradutor explorar, com muito tato, as possibilidades que assim se abrem.

A Cauda de Belzebu

O poeta ladino que é Décio Pignatari tem o poema "Interessere", que se inicia assim:

Na vida interessa o que não é vida
Na morte interessa o que não é morte
Na arte interessa o que não é arte
Na ciência interessa o que não é ciência

---

73. Cantiga Famélica, *Um Caldeirão de Poemas*, v. 1, p. 26-28.

e vai por aí afora, até concluir:

> Em nada interessa o que não é nada
> Interessere[74].

No entanto, em sua longa enumeração, ele não escreveu: "Na tradução interessa o que não é tradução"

Esta omissão, por um tradutor vigoroso de poesia, me deixou pensativo. Seria exata semelhante afirmação? Podemos dizer que, numa tradução, é preciso dar o melhor de si, aquilo que está além da obra em causa, aquilo que ela despertou em nós? O que há de arbitrário e de obrigatório no ato de traduzir? Enfim, as artes do demônio se intrometem certamente em nosso trabalho. E por trás do texto traduzido, aparece com certeza, ainda que de esguelha, quase imperceptível, a caudinha esguia do Belzebu.

O Mistério da Tradução

Tenho insistido em expressões como "traduzir o intraduzível", "trabalhar no campo do impossível" etc., com a devida citação dos respectivos autores. E ao mesmo tempo, quero compreender isto sem fazer apelo a algo milagroso e transcendente.

Encontro uma argumentação muito boa neste sentido no ensaio "Sobre os Diferentes Métodos de Tradução", de Friedrich Schleiermacher, lido por ele em 24 de junho de 1813, na Academia Real de Ciências em Berlim. Eis o trecho que interessa no caso:

> Por um lado, cada pessoa é dominada pela língua que fala, ela e todo seu pensamento são um produto dela. Uma pessoa não poderia pensar com total certeza nada que estivesse fora dos limites dessa língua; a configuração de seus conceitos, a forma e os limites de sua combinabilidade lhe são apresentados através da língua na qual

74. *Poesia Pois é Poesia*, p. 220.

nasceu e foi educada; inteligência e fantasia são delimitadas através dela. Mas, por outro lado, toda pessoa que pensa de uma maneira livre e intelectualmente independente também forma a língua à sua maneira. Pois, se não por essa influência, como poderia ela ter se desenvolvido de seu estado inicial cru para a sua formação mais avançada na ciência e na arte? Nesse sentido, pois, é a força viva do indivíduo que dá novas formas à matéria formadora da língua, inicialmente só para comunicar um estado de consciência passageiro para a finalidade do momento, das quais, às vezes mais, às vezes menos, algumas vão ficando na língua e, acolhidas por outras, vão se propagando e se aperfeiçoando. Pode-se dizer que alguém merece ser reconhecido além do seu campo mais específico, só na medida em que influencia a língua. Necessariamente, todo discurso que pode ser reapresentado por mil órgãos sempre da mesma forma logo se perde; somente aquele que forma um novo momento na vida da língua pode e deve ficar por mais tempo. Por isso, todo discurso livre e mais elevado requer ser concebido de duas formas: em parte pelo espírito da língua de cujos elementos ele é formado, como uma apresentação ligada e condicionada por este espírito, produzida vivamente por ele no enunciador; por outro lado, ele requer ser concebido pela alma do enunciador como sua ação, produzida e explicável exatamente assim somente pelo seu ser. Sim, todo discurso desse tipo só é entendido no sentido mais elevado da palavra, se ambas as suas relações estiverem compreendidas conjuntamente e em sua verdadeira relação mútua, de forma que se saiba qual das duas predomina no todo ou em partes separadas[75].

Como são belos e estranhos os caminhos da cultura! Francamente, não é fácil encontrar em outro lugar uma argumentação sólida como esta sobre a relação entre o mundo da linguagem herdada e a criação pessoal. E é interessante constatar que nós outros, materialistas convictos, temos de receber esta lição de um teólogo protestante alemão, proferida no início do século XIX.

Os Erros de Imprensa, uma Armadilha

É muito fácil equivocar-se com um erro de imprensa. Vejamos um exemplo.

75. Em W. Heidermann (org.), *Clássicos da Teoria da Tradução*, v. 1, p. 27-87.

Há um soneto que já foi muito apreciado, de autoria de um dos poetas mais em evidência do parnasianismo tardio brasileiro e que morreu aos 23 anos – Moacir de Almeida. O título é dado geralmente pelo primeiro verso:

Eis a teus pés o oceano... É teu o oceano!
Deusa do mar, teu vulto aclara os mares,
Esguio como um cíato romano,
Nervoso como a chama dos altares...

A alma das vagas, no ímpeto vesano,
Ergue-se ante os teus olhos estelares ...
Eis a teus pés o oceano... É teu o oceano!
Cobre-o do verde sol dos teus olhares!

Sou o oceano... És a aurora! Eis-me de joelhos,
Ainda ferido nos tufões adversos,
Lacerado em relampagos vermelhos!

Sou teu, divina! E em meus gritos medonhos,
Lanço a teus pés a espuma de meus versos
E as pérolas de fogo de meus sonhos![76]

Pois bem, em diversas reedições deste soneto, a palavra "vulto", do segundo verso, foi substituída por "culto", devido à distração de algum tipógrafo, e foi assim que o soneto se consagrou, sendo copiado e recopiado em numerosas coletâneas, inclusive *Os Cem Melhores Sonetos Brasileiros*, organizada pelo parnasianíssimo Alberto de Oliveira[77]. Tem-se deste modo um toque de *nonsense* acrescido ao desvario apaixonado e sensual do poeta. Ora, como se arranjaria alguém que o traduzisse para outra língua?

Por outro lado, porém, é preciso tomar cuidado com os equívocos a que uma preocupação com semelhantes lapsos nos pode levar.

---

76. Por mais estranho que pareça, este soneto, reproduzido em diversas antologias, não figura na edição mais completa da obra do poeta: *Poesias Completas de Moacyr de Almeida* (provavelmente da década de 1930).

77. Cf. p. 211.

Vou citar agora um caso de experiência pessoal, transcrevendo a seguir um trecho de minha introdução ao livro de poemas de Maiakóvski, elaborado em colaboração com Augusto e Haroldo de Campos. Refiro-me, ali, à tradução de um dos fragmentos do poema que Maiakóvski estava escrevendo nos dias que precederam seu suicídio em 1930, e que ele transcreveu no bilhete de adeus:

Na primeira edição, figura, na tradução de Augusto, o verso: "O caso está encerrado", que foi interpretado assim em todas as traduções que eu conheço. No entanto, ficou-me em relação a ele uma dúvida. No original está: "O caso (ou incidente) foi apimentado" – "Intzident ispiértchen", o que foi lido pelos tradutores para diversas línguas como um erro de imprensa (é verdade que em umas poucas traduções recentes, vi alusão a "um trocadilho no original", sem maiores explicações): o texto correto seria "Intzident istchérpan". Quando Roman Jakobson esteve em São Paulo, em 1968, aproveitei a sua vivência pessoal da época e de tudo o que se relacionava com Maiakóvski e consultei-o sobre aquele verso. Explicou-me então: o poeta estava se referindo a uma anedota que circulava em Moscou, sobre um judeu que trocava sons em russo. Realmente, é impressionante que, mesmo na hora de se suicidar, ele não se conformasse em deixar no texto a imagem, um tanto romântica da "canoa do amor", sem contrastá-la com um efeito humorístico. Até na hora da morte ele se manteve fiel ao que escrevera:

mas eu
   me dominava
      entretanto
e pisava
   a garganta do meu canto[78].

É por este motivo que na presente coletânea se lê: "O caso está enterrado", reproduzindo-se assim, na medida do possível, a estranheza do texto russo (outra solução proposta por Augusto: "O caso está emperrado")[79].

78. Fragmento de "A Pleno Pulmões", tradução de Haroldo de Campos.
79. Maiakóvski: Evolução e Unidade, em B. Schnaiderman et al., op. cit., p. 25.

Alguém, versado nos meandros da prática editorial, poderia evocar outros equívocos ligados a erros de imprensa.

No Limiar da Palavra

Agora, vou tratar, retomando minha experiência pessoal, de um acontecimento em setembro de 1944, quando o Primeiro Escalão da Força Expedicionária Brasileira estava acampado junto a uma estrada, nos arredores da cidadezinha de Vada, ao sul de Pisa, bem perto da linha de frente. Ali já ouvíamos um reboar longínquo, e o chão estremecia com o fragor de enormes caminhões que transportavam o necessário para as tropas no *front*.

Os alemães tinham saído dali às carreiras, o que podia ser testemunhado facilmente pelas tabuletas com letras garrafais:

ACHTUNG! MINEN!

encimadas por uma caveira sobre duas tíbias cruzadas, e que eles não tiveram tempo de eliminar.

Ficávamos olhando de esguelha para aquelas advertências, onde a caveira e as tíbias já nos davam a tradução daquelas palavras: "Cuidado! Minas!" O local das tabuletas fora cercado por fitas brancas, e os limpa-minas norte-americanos se encarregariam, depois, de esquadrinhar o terreno.

Aqueles avisos acabavam tendo algo de pungente, pois lembravam que soldados nossos da infantaria já tinham sido vitimados por uma explosão.

De vez em quando encontrávamos objetos de uso pessoal abandonados pelos alemães na fuga precipitada. Assim, um companheiro me presenteou com o seguinte retrato, encontrado na carteira de um soldado inimigo:

Até hoje, a alegria no rosto daqueles jovens só me causa mal-estar. Era a alegria dos que estavam pisando territórios invadidos. Como verbalizar aquilo? Como encontrar uma tradução? Pois esta exige, certamente, um mínimo de linguagem comum. E não estaria aí o limite do traduzível, o limiar da palavra?

Vendo este retrato não posso deixar de lembrar: antes que eles expressassem aquele sorriso triunfante, as terras da Itália foram esvaziadas de judeus, ciganos e suspeitos de esquerdismo, em razias executadas pelos próprios italianos de Mussolini, num trabalho que foi "aperfeiçoado" depois pelos ss.

Como não lembrar, por trás destes sorrisos, os fornos crematórios, a abjeção e ignomínia daqueles anos?

Realmente, a palavra humana tem o seu limite intransponível, sua barreira final.

Post Scriptum em 2008

Este episódio foi narrado por mim para este livro bem no comecinho deste século. Os fatos a que me referi continuam a me perturbar.

O livro de Hannah Arendt, *Eichmann em Jerusalém*, trouxe-me alguns dados que parecem desmentir o que escrevi ali.

Ela narra, por exemplo, uma história que veio à tona durante o julgamento de Eichmann. Anton Schmidt, soldado do exército alemão na Polônia ocupada, ajudou guerrilheiros judeus, fornecendo-lhes material de combate, e acabou executado pelos nazistas[80].

Além disso, ela cita o livro de um médico alemão, que serviu no exército em ação na Rússia, Peter Bamm, *Die Unsichtbare Flagge* (Nossa Bandeira), 1952. O autor narra as atrocidades dos ss, mas ressalta a "decência" do soldado alemão comum[81]. Ademais, numa estada na Alemanha em 1988-1989, tivemos contato com uma alta funcionária do sistema bibliotecário alemão que era judia, fora criada como filha, e registrada como tal, por uma família cristã.

A quem dar crédito? Não faltam livros que narram a adesão do alemão comum à violência nazista. E, sobretudo, são muito fortes as imagens que mostram a população alemã dançando nas ruas e emborcando copázios de chope, após a notícia de alguma vitória do exército nazista, como se vê em filmes baseados em documentários alemães da época. Lembro-me também da foto de uma praça de Nuremberg, pouco após a "Noite dos Cristais", onde aparece multidão risonha, exultante, vendo passar famílias judias, com velhos, mulheres e crianças, carregados com seus pertences e escoltados por militares armados, a caminho da estação ferroviária, de onde iriam para os campos de concentração.

Tudo isto é forte demais, e eu só posso transmitir a minha perplexidade no limiar da palavra.

---

80. Cf. p. 251-252.
81. Idem, p. 253-254.

77

Um Precursor Esquecido

Alfred Appel é um nome que diz muito pouco, mesmo a pessoas bem familiarizadas com os fatos importantes da cultura portuguesa. No entanto, trata-se de um pioneiro da tradução do russo para o português e da divulgação da cultura russa em nossa língua.

Interessei-me por ele na década de 1960, quando trabalhava na redação de uma enciclopédia e li seus dados biográficos na *Grande Enciclopédia Portuguesa e Brasileira*. Eles são acompanhados, ali, pelo retrato de um homem moço e bonachão, de gravata borboleta. Fiquei então sabendo que ele nascera em Odessa, Ucrânia, e vivera de 1875 a 1926. O biógrafo anônimo frisa ali que era um "israelita convicto" e que "foi sepultado no cemitério israelita" de Lisboa.

Outros dados que aparecem na enciclopédia: contactado em Odessa pelo grande estudioso português de cultura popular, Consiglieri Pedroso, foi convencido por este a transferir-se para Portugal, na qualidade de seu professor de russo. Aliás, este último dado não convence muito, ou pelo menos não constitui explicação suficiente, outras motivações devem ter pesado neste caso, sobretudo, provavelmente, as grandes perseguições antissemitas pelo governo czarista, inclusive os *pogroms* em Odessa.

A enciclopédia não informa em que ano teria ocorrido esta transferência para Portugal, mas tudo parece indicar os primeiros anos do século xx (o grande *pogrom* em Odessa data de 1905).

O certo é que vamos encontrá-lo como professor de língua alemã no Liceu de Lisboa. Nessa cidade, ele se diplomou pelo Curso Superior de Letras. Depois, aparece na qualidade de professor de alemão do mesmo curso, sempre na categoria de contratado, pois nunca adquiriu a cidadania portuguesa.

Há qualquer coisa de enigmático em sua atuação. Sabe-se que se dedicou a estudos de fonologia e que publicou manuais de língua alemã, mas o seu verdadeiro título de glória é o livro *Contos Populares Russos* (traduzidos do original), e que tem como subtítulo *Tradições do Povo Português e Brasileiro Comparados com Folclore Estrangeiro*[82]. O livro está muito mal editado, com páginas fora do lugar e outras ausentes, com o agravante, ainda, da falta de um sumário. O volume não é datado, mas na página 23 o autor informa ter revisto as provas tipográficas em julho de 1919. Além dos textos traduzidos, há uma introdução relativamente desenvolvida e cada conto é acompanhado de uma nota sobre a sua relação com outros portugueses e brasileiros, além de versões existentes em outros países. O livro todo está escrito num português escorreito, agradável, com algumas pitadas de humor e, embora o autor se atenha às suas fontes, percebem-se também vôos de fantasia.

Mesmo assim, sua leitura me fez constatar, mais uma vez, a diferença entre uma abordagem de folclorista ou etnólogo, embora com boa vocação para a escrita, e a assimilação poética de um tema popular. Assim, o conto "As Três Irmãs" é dado numa versão que se baseia em algumas recolhidas por Afanássiev (aliás, a fonte principal de Appel para as versões russas, o que é louvável), e há também resumos ou referências a outras portuguesas, além de versões brasileiras (inclusive conto recolhido por Silvio Romero), na Baixa Bretanha, Sicília, mundo árabe, Cáucaso e Índia. Contudo, o magnífico poema que Púschkin criou, a partir do mesmo esquema narrativo, "Conto sobre o Czar Saltan, o seu Filho, o Glorioso e Poderoso Paladino Príncipe Guidon Saltânovitch, e a Bela Princesa Cisne", é referido de início na base de uma informação do teórico alemão Köhler e logo em seguida descartado, "visto ser uma alteração consciente do conto popular, que Púschkin ouviu à sua aia, em criança"[83]. Mesmo que não se faça objeção a

---

82. Publicado em Portugal, traz também a chancela, Rio de Janeiro: Companhia Editora Americana/Livraria Francisco Alves.

83. *Contos Populares Russos*, p. 118. Ver *Púschkin no Sertão*, de Jerusa Pires Ferreira.

esta insistência numa postura científica, a passagem parece fria demais, circunstancial demais, num livro com tantas qualidades expressivas, quer nas traduções, quer nas partes opinativas (isto para não falar da estranheza daquela transcrição fonética, "Púxkin").

Causa também estranheza o fato de Appel não ter concentrado sua atuação profissional no estudo dos contos populares, pois o livro em questão nos dá uma amostra de sua capacidade nesse campo. Tanto mais que ele sempre se refere a Teófilo Braga, Consiglieri Pedroso, Leite de Vasconcelos e Adolfo Coelho como seus amigos, e o trabalho que realizou no campo das tradições populares traz a marca de sua familiaridade com a obra desses autores. Mas, decorridos tantos anos, só podemos conjeturar sobre as causas de semelhante situação.

O que se pode dizer com toda a segurança é que o seu trabalho com os contos populares russos resultou em diversos livros para crianças, pois, no caso, bastava deixar de lado o aparato erudito de seu volume. Ele parece ter sido aproveitado também no Brasil, pois eu me lembro que no meu tempo de jovem, isto é, na década de 1930, circulavam em São Paulo e no Rio de Janeiro livrinhos coloridos de contos russos, provavelmente baseados no trabalho de Appel.

No entanto, como escrevi há pouco, seu nome está quase completamente esquecido, numa flagrante injustiça em relação a um lutador da tradução do russo para o português. Estive em Lisboa, em dezembro de 2004, e pude constatar que no catálogo da Biblioteca Nacional portuguesa não constava nenhum trabalho seu.

O "Rei da Criação" e as Diferenças Linguísticas

Num livro muito rico, apesar de bem fininho, e que é o registro de uma sucessão de entrevistas radiofônicas, Jacques Derrida trata do *Mendacium officiosum*, isto é, a mentira útil (ou "mentira piedosa"), com referências a Santo Agostinho,

Kant e Platão[84], acrescidas de outras a Hannah Arendt e A. Koyré[85], além de exemplos da vida política recente e de fatos do nosso cotidiano. No entanto, como a sua argumentação seria diferente se ele se expressasse em português!

Isto se torna ainda mais evidente na sua exemplificação com a morte de um ser humano e a morte de um animal. Fazendo referência a Heidegger, que trata longamente desta diferença em alemão, Derrida afirma que "l'animal ne meurt pas, il crève, il decède, il n'a pás affaire à la mort comme telle"[86]

Ora, como se arranjaria neste caso um tradutor para o português?

Esta diferença linguística aponta para o antropocentrismo existente em muitas línguas, inclusive a nossa, e que tem por base a afirmativa de que "o homem é o rei da criação". Todavia, a identificação que fazemos em português entre a morte do homem e a morte de um animal não estará muito mais próxima das concepções modernas sobre a posição do homem no universo? Aliás, a propósito disso, convém lembrar o conto "Três Mortes", de Tolstói[87], onde se confronta a morte de uma dama da nobreza, de um camponês e de uma árvore (é curioso que Tolstói, tão revoltado contra as convenções da linguagem "culta", não tenha confrontado a morte de um ser humano e a de um bicho, que em russo também são designadas por dois verbos diferentes).

E, ao mesmo tempo, parece estranho que Derrida, tão preocupado em combater o logocentrismo, tenha insistido na diferença entre a morte de um ser humano e a morte de um animal.

Sem dúvida, toda esta problemática nos remete imediatamente à obra do pensador tcheco Vilém Flusser, que

---

84. *Sur parole*, p. 97 e s.
85. Idem, p. 99.
86. Idem, p. 81.
87. Existem várias traduções deste conto para o português, inclusive uma direta do russo, de Beatriz Morabito e Beatriz P. Ricci, em L. Tolstói, *O Diabo e Outras Histórias.*

viveu muitos anos no Brasil e escreveu parte de sua obra em português[88]. Logo Derrida, que, numa série de obras, tratou com especial carinho de sua relação com os animais, chegando a afirmar que "o pensamento do animal, se pensamento houver, cabe à poesia"[89].

A propósito, parece interessante recordar Guimarães Rosa: ao contestar a tradução alemã (de Curt Meyer-Clason) da frase "que, de alma, marca o rumo", escreveu: "É a vaca que, para fugir, marca o rumo, a direção, em sua alma mesmo. Vaca tem alma. Todo bicho tem alma. É poesia mesmo"[90].

E além de Guimarães Rosa, acho oportuno lembrar a este propósito Schopenhauer, que, preocupado em não absolutizar o racional, tem uma abordagem de nossa relação com os animais e da presença destes no mundo, que é muito avançada para a época[91].

Tradução e Memória – Um Tango de Odessa

Volta e meia, ressoa em meus ouvidos uma cançãozinha ouvida em Odessa, aos oito anos, pouco antes da viagem para o Brasil. Vou traduzi-la agora, pondo entre parênteses e com reticências os lapsos de memória e, entre colchetes, algumas explicações suplementares.

Eu não sei entoar, em parte justamente por ter emigrado na idade em que se aprende isto, pois a minha condição de gringo me impedia, inclusive por causa do apego ao país natal, de entoar em coro as nossas tolas canções patrióticas (algumas de melodia tão bonita!), mas fico às vezes cantarolando um tango russo, que talvez eu seja o único a lembrar. Ei-lo em prosa explicativa, pois não tenho outro meio de preservá-lo:

88. O livro brasileiro mais desenvolvido sobre a obra de Vilém Flusser é certamente o de Gustavo Bernardo, *A Dúvida de Flusser*. No final do volume, há uma bibliografia do filósofo.
89. *O Animal Que Logo Sou.*
90. Carta de 23-3-1966, em M. A. F. M. Bussolotti (org.), op. cit., p. 313.
91. *O Mundo como Vontade e como Representação*, p. 66-69.

Para quê tudo isto? Diga-nos, distante Argentina [literalmente, "Argentina que nos é alheia"]. Aqui tem você a história de um rabino judeu" [o pleonasmo estava no original; em vez de "tem você", eu poderia escrever "têm vocês", devido à ambiguidade ao que parece intencional do *vam*, que tanto pode referir-se, neste caso, à Argentina como aos ouvintes]. Ele vivia num ambiente magnífico e rico, na cidade grande e muito barulhenta de Kakhovka [na realidade, uma cidadezinha da zona de residência forçada dos judeus no período czarista, uma *klein schtetl*, dessas que foram descritas por meu amigo Jacó Guinsburg, em *Aventuras de uma Língua Errante*[92], e sobre as quais existe uma vasta literatura].

Em Kakhovka, era famosa a filha do rabino, e essa é Ienta, maravilhosa como uma fita de seda, pura como louça nova e inteligente como todo um volume do *Talmude*.

A nossa donzela tinha um sem-número de admiradores: o jovem *melamed* do *kheider* [respectivamente, professor de escola religiosa de primeiro e segundo grau e a própria escola], Abracha [diminutivo de Abraam, isto é, Abraão], o açougueiro Aaron e o ruivo encadernador Iacha [diminutivo de Iacov, Jacó]: perdiam todos a cabeça.

Mas eis que houve em Kakhovka um grande acontecimento [...]: chegou à cidade um representante do RAIK TRIEST [caçoada evidente com as arrevesadas siglas soviéticas], e Ienta não sabe mais em que mundo se encontra. Parece tão rico e tão belo [... /...], usa perneiras de couro [na época, dizia-se *galifé*, isto é, forma russificada do francês *gallifet*, devida ao general Gaston Auguste, marquês de Gallifet (1830-1909), ordenança do rei Napoleão III, e que se tornaria famoso pela crueldade na repressão da Comuna de Paris] e jaqueta completamente novos [na canção, a jaqueta é designada por *frentch*, termo que remete ao general John French, comandante do corpo expedicionário inglês na França em 1914-1915] e ele dança o tango [o russo diz *tangó*, à francesa].

Não sei como tudo terminou, pois aqui se encerra o que eu lembro dessa verídica historieta dos tempos da NEP (Nova Política Econômica), quando os territórios da recém-fundada União Soviética, que haviam sofrido a guerra civil, a fome e as epidemias (sobretudo a de tifo; lembro-me de meu pai cortando com uma tesoura enorme, preventivamente, os bastos cabelos negros de minha tia Tzília),

92. Ver p. 57-71.

passado o período conhecido como o Comunismo de Guerra, viviam uma febre de recuperação, de volta à normalidade, tudo isso acompanhado de uma onda de especulação, desfalques e câmbio-negro, num arremedo estranho dos "dourados anos vinte", dos "loucos anos vinte" do Ocidente. (Observe-se, na cançoneta, a referência à riqueza e elegância daquele funcionário soviético.)

Esse período deixou-nos uma literatura vasta e rica, na qual se destaca a obra dos escritores de Odessa, uns nascidos na cidade, outros estabelecidos ali em meio aos vaivéns daqueles anos frenéticos. Se já é conhecida entre nós, em parte, a obra vibrante de Isaac Bábel, falta ainda difundir toda uma literatura de ficção colorida e rica daquele período e que trazia à literatura russa algo diferente, um toque de vibração meridional, uma expansividade e humor bem característicos.

Ademais, o tema do humor nos primeiros anos do regime soviético já foi abordado por mim num texto que denominei "Rindo com a Corda no Pescoço"[93]. Falta, porém, eu me dedicar especificamente, e com mais intensidade, à literatura então surgida em Odessa, mas espero realizar algo neste sentido. Aliás, cheguei a traduzir a novela *Inveja*[94] e um conto do grande escritor odessita Iúri Olecha[95].

Música e Tradução

William Faulkner, quando era ainda escritor principiante, tinha já umas sacadas de gênio, conforme se constata pela tradução, que me parece notável, feita por Leonardo Fróes, de suas colaborações para um jornal de Nova Orleans, e que saiu pela José Olympio com o título *Esquetes de Nova Orleans*.

Pois bem, aparecem ali, no texto de "O Rosário": "estrangeiros de jubas desgrenhadas, incapazes de falar ou de

93. *Os Escombros e o Mito*, p. 122-128.
94. *Novelas Russas*, p. 161-280.
95. O Caroço de Cereja, *Suplemento Literário de Minas Gerais*, 12 dez., 1970.

tocar em inglês"[96]. Ora, esta expressão, "tocar em inglês" não alude a algo muito profundo, na compreensão da cultura de um povo? Em que medida, por exemplo, a música de nosso povo não estará ligada à musicalidade do português do Brasil? E o ritmo de uma tradução não terá muito a ver com o modo como o tradutor assimilou os ritmos do país de origem da obra e os do universo de chegada?

Tradução e Memória, Ainda

Eu me sinto às vezes como um bicho estranho, um pterodáctilo surgido de repente em nosso mundo.

Tendo passado a primeira infância em Odessa, vivi ali num meio completamente russo, embora a geografia nos ensine que essa cidade e porto importante do Mar Negro fica na Ucrânia. Eu só ouvia falar russo, frequentei escola russa e aprendi a ler em grandes cartilhas onde havia sempre um retrato de Lênin. As enciclopédias me informam que, na época, a cidade tinha mais de 30% de judeus, enquanto certas fontes nos dizem que, nas vésperas da Revolução, eles eram cerca de 50%[97], mas os que eu conheci estavam muito russificados, com exceção de minha avó paterna, muito religiosa, que morava conosco e toda sexta-feira acendia velas, pregadas em grandes castiçais, e ficava caminhando em volta da mesa, enquanto repetia palavras completamente incompreensíveis.

Realmente, era em russo que o meu mundo se articulava, mas que russo era aquele? A fala de Odessa diferencia-se da fala de Moscou, mais ou menos como o português carioca ou paulista se diferenciam do nordestino. Mas, ao mesmo tempo, os judeus de Odessa tinham uma pronúncia peculiar, a tal ponto que, segundo se contava, durante os *pogroms* do período czarista, os cossacos identificavam os judeus mandando

---

96. Ver p. 131.
97. Cf. J. Stora-Sandor, *Isaac Babel: l'homme et l'oeuvre*, p. 12.

85

dizer a palavra *kukuruza* (milho), pois eles eram incapazes de articular os erres "rolados" da pronúncia russa.

Tenho eu então a pronúncia dos judeus de Odessa? Alguns amigos russos dizem que minha fala é típica daquele tempo, e que hoje em Odessa já se fala diferente. Em suma, temos aí mais um motivo para eu me sentir como um pterodáctilo desgarrado.

Estará certa aquela hipótese sobre o meu idioleto? É possível que aí exista uma boa dose de verdade, mas algumas recordações pessoais tendem a convencer-me de que existe um outro lado do problema.

Em 1987, passei com Jerusa três dias em Odessa (antes, não me atrevia a fazê-lo, devido aos fantasmas do passado: durante a ocupação de Odessa, pelos romenos, a população judia foi quase toda massacrada, inclusive parentes meus bem próximos). Pois bem, as pessoas com quem conversei pareciam-me ter a minha pronúncia.

Depois, em Moscou, houve um episódio que reforçou esta minha impressão. Fui guardar as malas no depósito e, quando fiz o pedido, o maleiro se desmanchou em sorrisos, depois de me identificar pelo sotaque: "Ah, então o senhor é também odessita! Está chegando de lá? Como está a nossa terra?" E não quis me cobrar nada pela guarda das malas. E eu tornei a ouvir a mesma pronúncia, ou semelhante à minha, quando um amigo me fez conversar pelo telefone com o cineasta Leonid Trauberg, um dos grandes nomes do alvorecer do cinema soviético, então bem idoso, e que também me fez perguntas sobre a nossa cidade.

Estas lembranças que me assaltam parecem-me todas ligadas com o meu trabalho de tradutor.

Houve, ainda, tantos fatos memoráveis naquela estada em Odessa! Como esquecer, por exemplo, aquela noite junto ao Teatro Municipal, bem perto de uma réplica de *Laocoonte e Seus Filhos*, quando vimos um grupo de homens e mulheres, já um tanto "entrados em anos", dançando numa aleia do parque, ao som de um violino (isto nos remete de imediato ao conto de Tchékhov, "O Violino de

Rothschild", um conto lancinante, onde se fala de "violinos judeus" numa *klein schtetl* [cidadezinha]), tocado por um homem igualmente de idade madura[98]. Aquele *freilich* saltitante, a cançãozinha dos casamentos judeus, me trouxe ressonâncias de um tempo distante e de toda uma cultura que só conheço um pouco, e assim mesmo em tradução, nunca em ídiche.

Será impossível, igualmente, esquecer uma excursão de teleférico, sobre as copas das árvores, as famosas acácias de Odessa, à praia de Langeron, aonde eu, quando criança, ia com a nossa governanta! (Meus pais achavam que era mais digno não usar a palavra "empregada").

E o que dizer da visita que fizemos ao prédio onde morei com meus pais e minha irmã, antes de viajar para o Brasil? Soubemos que ali ficara instalada, durante a ocupação romena de Odessa, a polícia política, o equivalente romeno da Gestapo, e que atuou numa íntima cooperação com esta. E ali mesmo se efetuavam os interrogatórios acompanhados de tortura.

Quem nos contou isso foi um judeu velho residente no prédio, um homem triste, grisalho e muito magro, que se afeiçoou fortemente a Jerusa. Ficamos sabendo, também, que a tristeza em seu rosto tinha um motivo bem concreto: ele fizera os maiores sacrifícios para que sua filha pudesse emigrar para o exterior com o marido, e agora ela nem mandava notícias. "Mas para onde ela foi?" – perguntei-lhe. Resposta: "Ora, ela foi para onde todos vão, para o Brooklin". Abraçamo-nos por despedida, e como não tivéssemos conosco nenhum objeto melhor, Jerusa deixou-lhe de lembrança uma canetinha sem valor. Quando saímos dali, ele ficou acenando de longe e apertando ao peito aquela canetinha.

Sim, "a tradução vivida", afirmou Paulo Rónai e eu me convenço cada vez mais da justeza desta afirmação.

---

98. Há uma tradução brasileira de Luís Martins, incluída na coletânea *Contos Russos*, direitos cedidos pela editora Leitura, coletânea organizada por Rubem Braga, com supervisão de Graciliano Ramos, publicada provavelmente em 1945.

Tradução e Ritmo

Pensador da tradução, tradutor de vários livros da *Bíblia*, Henri Meschonnic tem uma preocupação constante, obsessiva até, com o ritmo. É o que se constata em vários de seus livros, inclusive o vasto tratado *Poétique du traduire* (Poética do Traduzir)[99], e o livro *Politique du rythme, politique du sujet* (Política do Ritmo, Política do Sujeito). Tamanha é a sua preocupação com o ritmo que, ao elaborar um livro sobre o pintor Pierre Soulages, ou melhor, um diálogo com ele, embora este apareça na terceira pessoa, deu-lhe o título *Le rythme et la lumière* (O Ritmo e a Luz).

Em *Politique du rythme, politique du sujet,* chega a afirmar, já no início do livro: "O liame entre o ritmo e o sujeito decorre do que eu entendo como pensamento poético, uma invenção do ritmo, no sentido de que o ritmo não é mais uma alternância formal, mas uma organização do sujeito"[100].

Ao mesmo tempo, de um ponto de vista mais imediato em relação ao trabalho do tradutor, tem especial importância o que ele nos diz no prefácio à sua tradução do *Gênesis*, onde afirma que um texto não é lido enquanto não se leu o seu ritmo, chegando a escrever: "Sim, enquanto não se leu o texto bíblico em seus ritmos, não se leu ainda a *Bíblia*. Teve-se apenas o fantasma discreto do poema"[101].

Certamente, isto sucede em relação a qualquer tradução de uma obra. O tradutor tem de lê-la "em seus ritmos" e recriá-los. Caso contrário, não existe tradução digna deste nome.

Algumas Palavras Enganosas

Cada tradutor tem os seus tropeços, os seus momentos de dificuldade para traduzir algo.

99. Ver a tradução brasileira de Jerusa Pires Ferreira e Sueli Fenerich.
100. Ver p. 9.
101. *Au commencement*, p. 15.

Fiquei pensando em como traduziria o título do conto "Bielka" (O Esquilo) do maior dos escritores russos que abordaram o tema do Gulag: Varlam Chalamov[102].

Realmente, a palavra russa *bielka* é o equivalente do nosso "esquilo". Mas, se penso um pouco nessa equivalência, tenho de reconhecer: que diferença!

Realmente, *bielka* provém de *biélaia*, branca, um diminutivo substantivado. Ora, o fato de o nome do animal ser feminino e estar no diminutivo, sublinha tratar-se de um bichinho pequeno e indefeso. E no caso deste conto, todo o desenrolar do episódio se relaciona com isto. Pois o que se narra é a selvageria de uma população citadina: tendo vivido os massacres do tempo da guerra civil, inclusive fuzilamentos de reféns, os habitantes da cidade de Vólogda, cercada de florestas, têm como divertimento predileto caçar algum desses bichinhos extraviado, por distração, na parte urbana. E o próprio escritor confessa ter participado de tão selvagem divertimento.

Não é de tirar o sono a um tradutor?

As Palavras Aladas

Uma das grandes dificuldades numa tradução é a ocorrência, num texto, de frases feitas, ou "palavras aladas", como se diz em russo, a partir de uma expressão em grego.

Fiquei pensando, portanto, em como traduzir o correspondente russo de nosso "dia de São Nunca".

Se traduzo literalmente a expressão russa, tenho: "Quando o camelo e o lagostim dançarem a cracoviana". Mas desviando-me um pouco desta reprodução palavra a palavra, chego à seguinte expressão: "Quando o camelo e a lagosta Ana dançarem juntos a cracoviana". Confesso: gostei desta "lagosta Ana", que acabei introduzindo na tradução

---

102. Ele não foi publicado no Brasil. Há uma tradução portuguesa do seu livro mais importante: *Contos de Kolimá*.

imaginada, e que me deu dois versinhos nonassilábicos, correspondentes, embora com alguma diferença, à sonoridade em russo.

Orgulho e Modéstia do Tradutor

Não tenhamos dúvida: qualquer compromisso de traduzir um grande escritor é ato de soberba. (Mais uma vez: Ortega y Gasset já tratou disso em seu famoso estudo sobre a tradução)[103]. Falando com franqueza, quem sou eu para traduzir um Tolstói, um Dostoiévski? No entanto, é uma exorbitância que eu tenho de assumir, quem puder que o faça melhor.

Há passagens, porém, que nos deixam humilhados. Vou citar um exemplo. Logo no início da novela *A Sonata a Kreutzer*, de Tolstói, surge no vagão do trem em que o narrador está viajando, um comerciante à antiga. Pois bem, sua fala está recheada de arcaísmos, tudo nele ressuma tradição e conservadorismo, ele é o representante de uma camada social bem cônscia de sua condição. Ora, os nossos comerciantes não se expressam assim e procurar imitar a fala da personagem seria ridículo. Francamente, tenho de confessar um fracasso, pelo menos nesta passagem de minha tradução.

Enfim, são perdas inevitáveis. Realmente, devemos ter a preocupação de reduzi-las ao mínimo.

Cópias de Filmes em DVD e Tradução

O filme *Outubro* de Eisenstein é uma das minhas paixões em cinema. Por isso mesmo, tratei de vê-lo mais uma vez, agora em DVD[104].

---

103. Miseria y Esplendor de la Traducción, op. cit.
104. Cópia produzida pela Continental.

Tive a nítida impressão de que houve alguns encurtamentos por causa do tempo de projeção. E, além disso, com certeza um episódio foi totalmente suprimido, devido à dificuldade de transmitir o que se passava na tela.

Trata-se do início do assalto ao Palácio de Inverno em 25 de outubro de 1917 (7 de novembro pelo calendário atual). De um lado estão os comunistas e, do outro, os defensores do Palácio, isto é, uma tropa de cadetes, ainda adolescentes, e as mulheres do Batalhão da Morte. Do lado dos atacantes alguém grita: "A mãe!". E do outro lado, uma voz responde: "A tua!". E, a seguir, a câmera focaliza uma sucessão de quadros do Ermitaj com representações da maternidade, sublinhando assim o absurdo de uma palavra tão elevada ter se transformado em xingamento. Havendo neste caso, correspondência exata entre o russo e o português, seria possível conservar esta sequência, a simplificação aqui resultou num empobrecimento brutal.

Lembro-me de que nas exibições de *Outubro*, nos velhos tempos, estas sequências estavam reproduzidas corretamente e acredito que eu não esteja sendo vítima de uma falha de memória. Depois, houve uma cópia em vídeo, na qual o trecho em questão já apresentava problema. Em lugar de legendas, essa cópia em vídeo tinha uma narração em português, em *off*. A tradução era bastante razoável no decorrer de quase todo o filme, mas no trecho em questão, em lugar de traduzir as palavras gritadas, o locutor dizia: "Seguiu-se então uma sucessão de palavrões". Ora, depois disso, o espectador ficava sem compreender o porquê daquelas representações da maternidade. Procurando, certamente, evitar semelhante situação, os organizadores da cópia em DVD simplesmente eliminaram os gritos "obscenos" e a sucessão de imagens de museu, privando o espectador de toda uma sequência impressionante.

Este episódio me causou tristeza: o quanto, certamente, perdemos, quando assistimos a filmes clássicos em DVD mal editado!

2. PÚSCHKIN E GONZAGA:
DA SANFONINHA AO VIOLÃO

O segundo centenário do nascimento de A. S. Púschkin, celebrado em 1999, foi acompanhado da publicação de muitos materiais importantes sobre o poeta russo[1], mas não vi qualquer referência a um fato que nos interessa de perto: a tradução por ele de uma das liras de Gonzaga. Publiquei na década de 1960 um artigo sobre esse tema[2], e ele teve alguns desdobramentos, que vou recapitular aqui.

Baseei-me então em materiais russos que me chegavam, com discussões sobre a relação entre os dois poetas, embora fosse bem limitado o intercâmbio com instituições

---

1. Alguns dados biográficos podem ser encontrados em A. S. Púschkin, *A Dama de Espadas: Prosa e Poemas*. Nesse livro, coube-me a tradução dos contos, mas os poemas foram traduzidos por mim em colaboração com Nelson Ascher.

2. Púschkin, Tradutor de Gonzaga, *O Estado de S.Paulo*, 16 jun., 1962, Suplemento Literário.

culturais soviéticas. A lira traduzida é a de número LXXI[3] e, segundo alguns estudos russos, ele se teria baseado na tradução, em prosa francesa, de E. de Monglave e P. Chalas[4]. Pude convencer-me da exatidão desta referência, graças a um cotejo de textos, que efetuei a partir de uma indicação bibliográfica em *Formação da Literatura Brasileira*, de Antonio Candido. Ele me informou que havia um exemplar da tradução francesa na seção de livros raros da Biblioteca Nacional, no Rio de Janeiro.

Esta é precedida de um curioso prefácio, onde se lê:

> Nous ne parlerons pas de notre traduction; le droit de la juger appartient tout entier au public. Fidèles au précepte d'Horace, nous ne nous sommes pas servilement astreints à rendre mot par mot, phrase par phrase. C'est le génie du poète le plus aimable de Portugal que nous avons essayé de faire passer dans notre langue, en regrettant que le peu de flexibilité de la prose française ne nous ait permis de donner à nos lecteurs qu'une bien faible idée de son harmonie imitative, de son rythme souple et varié, de son style tour à tour gracieux, profond et énergique[5].

Evidentemente, era muito vago, e Púschkin usou com muita liberdade o texto de Monglave e Chalas. Sem dúvida, este é fluente, harmonioso, muito legível até hoje, mas, além das diferenças devidas a uma tradução declaradamente livre, apresenta algumas incorreções.

Eis ao que ficou reduzida (foi o erro mais grave na tradução desta lira) a estrofe "Na quente sesta,/ dela defronte,/

---

3. M. Rodrigues Lapa (ed.), *Obras Completas de Tomás Antônio Gonzaga*, v. 1, p. 127.

4. *Marilie: chants élégiaques de Gonzaga*.

5. "Não falaremos de nossa tradução: o direito de julgá-la pertence inteiramente ao público. Fiéis ao preceito de Horácio, não nos limitamos servilmente a dar palavra a palavra, frase a frase. Foi o gênio do poeta mais amável de Portugal que tentamos passar para a nossa língua, lamentando que a pouca flexibilidade da prosa francesa não nos tenha permitido dar aos nossos leitores mais que uma idéia bem fraca de sua harmonia imitativa, de seu ritmo sutil e variado, de seu estilo sucessivamente gracioso, profundo e energético".

eu me entretinha/ movendo o ferro/ da sanfoninha[6]: ("Dans les chaleurs de l'été, m'entretenant avec elle, je frappais négligemment les cordes de ma guitarre").

É claro que os tradutores franceses estranharam aquela "sanfoninha", que lhes pareceu pouco ibérica ou sul-americana, embora ela seja bastante encontradiça nos versos de Gonzaga, marcando com sua presença aquele "ideal familiar e burguês", que M. Rodrigues Lapa encontrou em suas liras[7]. Aliás, ela surge logo na Parte I, Lira 1, onde o poeta afirma: "Com tal destreza toco a sanfoninha" etc. Certamente, o ilustre magistrado se comprazia afirmando esta sua destreza. Mas, com toda a sensibilidade que tinha para tais pormenores, Púschkin só pôde colocar em suas mãos uma guitarra, devido à incorreção dos tradutores franceses.

A ausência, também, de outros pormenores característicos de Gonzaga e do arcadismo brasileiro empobreceu inevitavelmente o poema, mas isto foi substituído por elementos típicos de Púschkin, que se guiou mais pela intuição poética do que pelo conhecimento do tema. Realmente, mesmo como homem de vastíssima cultura, a par de sua fama de boêmio incorrigível, ele só poderia saber muito pouco a respeito de Gonzaga, da escola mineira de poesia e das circunstâncias reais em que o poema se baseava. E assim mesmo, trabalhando com material tão precário, ele criou sem dúvida um dos poemas curtos mais belos da poesia russa.

A par do impacto que lhe causou a leitura dos poetas ocidentais, seus contemporâneos, Púschkin estava muito marcado pela poesia do século XVIII e percebe-se nele, pelo menos na primeira fase de sua obra, um gosto pelos elementos típicos do arcadismo, com uma frequência grande de pastores e pastoras, geralmente com um toque erótico mais desbragado que o dos nossos árcades e um acentuado

6. Tratava-se de um instrumento de cordas e não do que hoje denominamos sanfona.

7. M. Rodrigues Lapa, Prefácio, em T. A. Gonzaga, *Marília de Dirceu e Mais Poesias*, p. xxx.

espírito brincalhão. Mas, tendo por baliza o texto francês, acabou expressando um lirismo bem mais comedido.

Em meu artigo de 1962, escrevi: "É provável que apareça algum dia em russo uma tradução integral das liras de Gonzaga, pois a arte da tradução poética está particularmente desenvolvida na Rússia". Realmente, não era necessário para afirmar isto nenhum dom divinatório, e já em 1964 a editora Literatura, de Moscou, publicava a tradução de I. A. Tiniânova das liras e das *Cartas Chilenas*. No prefácio ela expunha uma concepção diametralmente oposta à minha, depois de se referir às edições portuguesas de Gonzaga, aparecidas antes do poemeto puschkiniano:

> Talvez algumas das pessoas chegadas a Púschkin, e que se interessavam pela literatura portuguesa, tenham tomado conhecimento de algumas dessas edições? Ademais, é difícil supor que uma tradução do francês, sem nenhuma consulta ao original, tenha sido designada por Púschkin não como uma imitação ou um poema a partir de Gonzaga, mas sim, com uma indicação precisa da língua da qual se fez a tradução: "Do português", embora o poeta cuidasse de modo tão meticuloso de cada nuance no significado das palavras.

Realmente, Púschkin tinha diversos amigos que se interessavam pela poesia portuguesa e chegaram a aprender a nossa língua. E esse fato tem sido apontado por estudiosos russos. Um deles, N. O. Lerner, escreveu num artigo de 1916 (minha citação é indireta) que, sendo o texto posterior à estada de Púschkin em Odessa, ele poderia ter se encontrado ali com "portugueses ou levantinos que falavam português".

Todas essas lucubrações me parecem fantasiosas e pouco verossímeis. É verdade que Tiniânova está certa ao afirmar que Púschkin era muito rigoroso em matéria de tradução, asserção esta que se baseou tanto na atividade tradutória do poeta como em artigos seus sobre poesia traduzida. Mas, a par desta atitude severa, aparecia nele, às vezes, um gosto histriônico pela mistificação, pelo disfarce, pelo jogo livre com os textos, e que não se deve deixar de lado.

Aliás, ambos estes aspectos aparecem claramente nos versos que traduzi com Nelson Ascher para a coletânea de prosa e poesia de Púschkin. Se o poema "Antchar" traz referência exata ao texto de Coleridge que lhe serviu de ponto de partida, "Corvos" é na realidade paráfrase de uma balada escocesa, sem que isto seja referido no texto[8].

Todavia, as suposições de Tiniânova tiveram bastante aceitação. As dificuldades de comunicação entre o Brasil e a Rússia, mesmo antes de 1964, impediram-me de tomar conhecimento, na época, de dois estudos sobre esse tema, publicados pelo importante comparatista M. P. Aleksiéiev nos anais da Academia de Ciências da URSS, um deles anterior ao meu texto e outro um pouco posterior. No entanto, ele os reelaborou e transformou num ensaio que aparece em seu livro *Púschkin e a Literatura Mundial*. Finalizando o ensaio, ele escreveu:

As observações feitas por I. A. Tiniânova a respeito do original português são interessantes, mas apesar disso não decidem definitivamente o problema do texto que Púschkin teve em mãos. Observemos, em relação a isto, que eslavistas brasileiros atuais continuam achando que a tradução de Púschkin tenha sido feita a partir da tradução francesa em prosa[9].

Segue-se uma citação de meu artigo de 1962.

A meu ver, tanto no caso de Aleksiéiev como de Tiniânova, faltou um cotejo do poema de Púschkin com a tradução de Monglave e Chalas. No artigo em questão, eu me recusava categoricamente a expor em prosa algo que fora escrito em versos (e que versos!). Mas agora não posso deixar de recorrer à "desprezível prosa", como dizia o próprio Púschkin, tão cônscio do limiar entre uma e outra[10].

Na passagem citada temos: "Vindo de longe, a donzela aproximava-se de mim. Eu cantava ao encontro de minha

8. *Pólnoie sobrânie sotchiniênii*, v. 3, p. 78.
9. Púschkin i brasílskii poet, *Púschkin i mirovaia litieratura*, p. 559.
10. No poema narrativo de Púschkin, "O Conde Núlin", aparecem os versos: "Nos últimos dias de setembro (falando em desprezível prosa)" etc.

bela, tangendo a guitarra". (Aliás, Púschkin utiliza um termo russo bem onomatopaico para "tangendo": *briatzaia*).

Nesta passagem, ele afasta-se tanto do original de Gonzaga como de sua tradução francesa. Mas o aparecimento daquela "guitarra", em lugar da pitoresca "sanfoninha", parece indicar maior proximidade com o texto de Monglave e Chalas. No caso, uma coincidência é bastante inverossímil.

Em todo caso, isto nos confirma que ele chegava a tratar os textos estrangeiros com bastante liberdade.

O seu gosto pronunciado pelo jogo e a mistificação deu origem a diversas situações bem curiosas. Foi o caso, por exemplo, dos seus *Cantos dos Eslavos Ocidentais*. Segundo nota a uma das edições das obras completas pela Academia de Ciências da URSS[11], eles consistem em três textos criados pelo próprio poeta, dois traduzidos de uma coletânea de canções sérvias e doze paráfrases de poemas que Prosper Mérimée publicara, em 1827, sem assinatura, no livro *La Guzla, ou choix de poésies Illyriques, récueillies dans la Dalmatie, la Bosnie, la Croatie et l'Hérzégovine* (A *Guzla**, ou Seleção de Poesias Líricas, recolhidas da Dalmácia, da Bósnia, da Croácia e da Herzegóvina) . Depois de concluir a sua coletânea, Púschkin pediu a um amigo comum que se informasse com o escritor francês sobre o organizador e tradutor do livro. Esse amigo recebeu então uma carta muito espirituosa de Mérimée, onde este confessava ter forjado os textos e dizia: "Faites mes excuses à M. Pouchkine. Je suis fier et honteux à la fois de l'avoir attrapé" (Apresente minhas desculpas ao Sr. Púschkin. Estou ao mesmo tempo orgulhoso e envergonhado por esta armadilha) etc. O poeta russo incluiu essa carta no prefácio à sua coletânea, dando conta assim daquela mistificação de Mérimée, mas sem dizer nada sobre os três poemas que ele mesmo havia forjado[12].

---

11. *Pólnoie sobrâine...*, v. 3, p. 522.

* Espécie de guitarra usada pelos originários da Dalmácia, região croata (N. da E.).

12. *Pólnoie sobrâine...*, v. 3, p. 283-286.

A paráfrase do poema de Gonzaga faz parte daquela busca da contribuição poética dos mais diversos povos, que Púschkin absorveu vorazmente e transmitiu a seu público. Assim, muitos momentos da poesia mundial são assimilados pelos russos como parte de seu próprio universo poético, graças a este crivo puschkiniano tão pessoal e, ao mesmo tempo, tão ligado às culturas mais diversas.

3. O CÉU E O INFERNO DO ATO DE TRADUZIR

O livro *A Tradução e a Letra*, de Antoine Berman e que tem como subtítulo: *ou O Albergue do Longínquo*, foi publicado pela Sette Letras em tradução de Marie-Helène Catherine Torres, Mauri Furlan e Andréia Guerini. Trata-se de uma obra importante para os que se preocupam com esse tema. Em primeiro lugar, deve-se levar em conta que, ao tratar da "letra" nas traduções, o autor não a vê como uma fidelidade palavra a palavra, mas como um apego forte ao original, de modo a ressaltar o que há de latino na língua francesa, quando se trata de um texto romano, ou o seu lado britânico, no caso de um autor inglês. Em suma, tem-se assim algo bem semelhante à famosa afirmação de Walter Benjamin (citado pelo autor em diversas passagens), e que se baseava, neste caso, num texto de Rudolf Pannwitz, no sentido de que era preciso sanscritizar, grecizar, anglicizar o alemão, quando se traduzia das respectivas línguas. O "literal" passa

101

a ser assim uma renovação da linguagem literária, na base do que se tem em outros idiomas.

É curioso observar que este grande apreço pela referida passagem de Walter Benjamin no ensaio "A Tarefa-Renúncia do Tradutor"[1] foi também sempre manifestado por Haroldo de Campos, cuja concepção da tradução como "transcriação" parece, à primeira vista, ser o oposto da teorização de Antoine Berman.

Isto nos leva à seguinte conclusão: eles se situam realmente em posições opostas, mas não antagônicas, o que pode ser afirmado com apoio em numerosos exemplos.

Assim, Haroldo se referia com frequência à "lei das compensações" na tradução. Isto é, ao traduzir um autor, deve-se utilizar seus procedimentos característicos, mesmo nas passagens em que eles não aparecem, para compensar aquelas em que o tradutor não conseguirá reproduzi-los. Pois bem, Berman afirma o mesmo, baseado num texto de Fernando Pessoa traduzido para o francês.

Constata-se facilmente que este era um procedimento constante na prática tradutória de Haroldo. Assim, na tradução de "Definição de Poesia" de Boris Pastemak (incluído na antologia *Poesia Russa Moderna*, editada pela Perspectiva), aparece o verso "A dor do universo numa fava", onde no original havia palavras sem maior peso no conjunto do poema. Ora, não há como fugir à constatação do grandioso e do pungente deste decassílabo em português.

À semelhança de Haroldo, Berman lança um olhar crítico sobre o passado histórico da literatura e chega assim a conclusões bem interessantes.

Ele recorda, por exemplo, que as traduções francesas, séculos a fio, caracterizavam-se pelo etnocentrismo, isto é, pela redução do texto aos padrões correntes no país. Escreve:

---

1. Existem diversas traduções brasileiras desse texto, cito a de Susana Kampff Lages, em W. Heidermann (org.), *Clássicos da Teoria da Tradução*, v. 1.

102

Etnocêntrico significará aqui: que traz tudo à sua própria cultura, às suas normas e valores, e considera o que se encontra fora dela – o Estrangeiro – como negativo ou, no máximo, bom para ser anexado, adaptado, para aumentar a riqueza dessa cultura.

A liberdade que se tomava com os originais para torná--los palatáveis ao gosto francês chegava a extremos ridículos. Assim, ao traduzir o famoso monólogo do "ser ou não ser" do *Hamlet* de Shakespeare, Voltaire perpetrou dois sonoros alexandrinos, que foram, aliás, transpostos com muita habilidade na tradução brasileira: "Fica, força é escolher, e passar num instante/ Da vida à morte e do ser ao nada" (na tradução de Voltaire: "Demeure, il faut choisir et passer à l'instant / De la vie à la mort et de l'être au néant").

Convém acrescentar ao que nos diz Berman: este etnocentrismo das traduções francesas teve consequências perniciosas nos países cujo mundo intelectual tinha Paris como centro de irradiação cultural. Vejamos, pelo menos um pouco, como isto funcionou em relação à difusão da literatura russa.

Em 1892 foi estabelecida uma aliança militar entre a Rússia e a França que fora derrotada na Guerra Franco--Prussiana (1870-1871) e se sentia ameaçada pela Alemanha, onde havia uma reação ao forte revanchismo então predominante entre os franceses. A partir desse momento, tudo o que era russo se tornou moda em Paris.

A literatura russa, que estava pouco traduzida para o francês, foi então a sensação do momento. Os editores franceses empenharam-se em publicar traduções de autores russos. O público estava cansado de naturalismo e materialidade crua, então dominantes, de modo que a voga da literatura russa acabou coincidindo com uma necessidade premente.

Mas, ao mesmo tempo, aqueles editores achavam os romances russos repletos de reflexões filosóficas e temiam que elas assustassem o público. Aqueles livros eram, portanto, submetidos a um aligeiramento e a um tratamento estilístico bem francês, de acordo com um padrão de elegância e "bom gosto".

Um exemplo típico disso foi o tratamento dado ao romance *Os Irmãos Karamazov*, de Dostoiévski. Apareceu em Paris uma adaptação assinada por Halpérine-Kamenski, na qual a vasta obra era transformada num pequeno romance policial, de trama bem urdida, mas sem um pouco sequer dos profundos mergulhos na problemática do homem, típicos daquele romance. Pois bem, a publicação francesa deu origem a retraduções em diferentes países, sempre com a omissão do fato de tratar-se de uma adaptação. No Brasil, houve diversas, inclusive uma já em fins da década de 1960.

Enfim, não são poucos os fatos tristes ligados com esse tema, mas creio que Berman, ele mesmo um tradutor, exagera ao tratar do "estatuto vergonhoso" da tradução e lembrar que "Steiner fala, com razão, da tristeza que acompanha sempre o ato de traduzir". Onde fica então o júbilo do tradutor nos seus momentos felizes? Mas, para o autor, a tradução é uma "atividade indispensável e 'culpada'", perante a qual "a relação com a sexualidade e o dinheiro salta aos olhos". Ora, não seria mais justo falar de céu e inferno do ato de traduzir?

Diversas colocações parecem um convite à discussão. É o caso, entre outras, de sua afirmação: "As grandes obras em prosa se caracterizam por um certo 'escrever mal', um certo 'não controle' de sua escrita". Não haverá nisso uma generalização excessiva? Embora sejam corretos os exemplos que traz à baila tirados, sobretudo, da literatura russa.

Em todo caso, este livro, que é versão ligeiramente refundida de uma série de conferências no Colégio Internacional de Filosofia, em Paris, vai muito além de seu objetivo imediato e nos obriga a uma reflexão sobre o tema.

4. PARADOXOS DA PROFISSÃO IMPOSSÍVEL

A tradução é uma atividade paradoxal por excelência. Aliás, como afirmou José Ortega y Gasset num estudo magistral, "Miseria y Esplendor de la Traducción"[1], ela é, em princípio, impossível. Pois, se lemos num texto brasileiro a palavra "floresta", logo pensamos na floresta amazônica, num mundo de vegetação luxuriante e diversificada, ou nas queimadas que a devastam atualmente, enquanto um alemão, quando lê *wald*, vê mentalmente uma floresta europeia, regular e uniforme, com as árvores mais agrupadas por espécies. Mas, impossível em princípio, a tradução tem de ser feita. E Ortega y Gasset afirma então: tudo o que o homem realiza de grande situa-se no campo do impossível.

Este e outros paradoxos vêm logo à lembrança com a leitura de um livro notável, *Memória de Tradutora*, com Rosa Freire d'Aguiar, da coleção Memórias do Livro, publicado

1. *Obras*, v. 2, p. 1638-1380.

pela editora Escritório do Livro, de Florianópolis. O volume contém uma entrevista da tradutora com Dorothée de Bruchard e Marlova Aseff (sendo desta última também a edição do texto), além de um prefácio de Clélia Piza e do trabalho da entrevistada *O Compromisso da Tradução*, apresentado como aula inaugural do Mestrado em Estudos de Tradução, proferida em agosto de 2004 na Universidade Federal de Santa Catarina.

Sem dúvida, a simples existência deste livro constitui outro paradoxo. Muito bem feito materialmente, bem acabado, e contendo matéria tão importante para todos os que se interessam por esse tema, ele dificilmente será encontrado em livrarias do Rio ou de São Paulo. Trata-se de um velho problema: obras de grande relevância aparecem editadas longe dos centros maiores e acabam tendo uma circulação geograficamente limitada, quando o justo seria circularem pelo território nacional. Sem dúvida, é um velho problema, sobre o qual nunca é demais insistir.

Rosa Freire d'Aguiar desempenhou atuação importante no jornalismo, mas, tendo residido alguns anos em Paris, passou a dedicar-se a partir de certo momento à tradução. Nessa atividade, alcançou mestria inegável e o vulto de sua produção chega a ser quase um enigma, dado o nível atingido. Pois, em pouco mais de quinze anos, chegou a traduzir mais de sessenta livros, alguns bem volumosos. Ao mesmo tempo, ela dá conta das pesquisas trabalhosas para resolver bem os seus problemas de tradutora.

Chega a ser impressionante o relato que faz de seus encontros com o buquinista André Bernot, fanático pela obra de Céline, e que tentou vender-lhe os *Panfletos*, desse autor, "delirantemente antissemitas, a ponto de pregar o ódio racial e a morte dos judeus, e que valeram a sua desgraça para o resto da vida e estão até hoje proibidos".

Aqui, chegamos certamente a uma contradição dolorosa. Mais uma vez, em princípio, para se traduzir bem um autor, é preciso identificar-se com o original, o texto traduzido é como que a expressão de uma segunda natu-

106

reza do tradutor. Mas, ao mesmo tempo, o autor da obra é um outro, eu não posso encampar as suas idiossincrasias, os seus rancores e preconceitos.

Tive que lidar com este problema desde a minha primeira tradução de Dostoiévski. Não há como aceitar o seu chauvinismo grão-russo, o seu antissemitismo e a sua prevenção contra os poloneses. E, ao mesmo tempo, tenho que dá-lo, na língua de chegada, em todo o seu furor e desvario. Afinal, a literatura não pode ser reduzida à amenidade dos jogos florais. Por conseguinte, em lugar de uma simples identificação, acaba-se tendo uma relação de amor e ódio. Chega-se, até, a uma nova categoria: a tradução raivosa, isto é, aquela que se faz com raiva do autor.

Rosa Freire d'Aguiar lidou com este problema em toda a sua pungência. Fascinada por Céline, dando o melhor de si para transmiti-lo numa linguagem adequada em português, realizando para este fim giros de linguagem incríveis, afirma porém: "Céline é uma mistura de gênio e de celerado, mas, sobretudo, um homem de sensibilidade doentia". Diz também: "Ninguém desculpa o antissemitismo de Céline, mas meio século depois de sua morte já não se pode invocar automaticamente esse sentimento para rejeitar sua obra *in totum*". Tudo verdade, não há dúvida. Mas como dói!

De um jeito ou de outro, no entanto, ela realizou verdadeira proeza. Que o confirmem os que já leram as suas traduções dos romances de Céline *Viagem ao Fim da Noite* e *De Castelo em Castelo* (ambos editados pela Companhia das Letras). Aliás, em relação a este último, chega a exclamar: "Foi o meu Everest!".

Ao sobrepujar este Everest, ela recorreu constantemente ao nosso coloquial, e isto resultou num processo de abrasileiramento. É difícil afirmar, porém, que este poderia ser evitado. Como transmitir de outro modo a subversão completa da linguagem considerada culta, que essa obra realizou?

Escreve: "O tradutor é um obcecado". E esta obsessão sente-se no decorrer de todo o livro-entrevista. Para ela, o tradutor é, sobretudo, um indivíduo que duvida e põe em questão tudo o que realiza.

Enfim, sente-se que ela nos transmite neste livro uma elevada postura ética, uma dedicação integral à sua tarefa. Isto pode ser confirmado, por exemplo, pelo apêndice à sua tradução do romance *De Castelo em Castelo*. (Romance mesmo? A tendência atual à diluição das fronteiras entre os gêneros permite talvez chamá-lo assim.) Francamente, um leitor que não esteja bem a par do ambiente na França durante a Segunda Guerra Mundial e pouco depois não poderá orientar-se no livro sem esta ajuda da tradutora.

Algumas de suas formulações resultam de um prolongado convívio com os textos traduzidos. Veja-se, por exemplo, o que diz sobre *Viagem ao Fim da Noite*. Ela o julgava impossível de traduzir, até se dar conta do seguinte: seu texto, "mais que língua popular, é língua oral, ou forma oral da língua". E assim ela o traduziu, incorporando à tradução a nossa oralidade.

Em certo momento afirma: "Sou uma prática e não uma teórica da tradução". Ora, todo tradutor que escreve com inteligência e conhecimento de causa sobre o seu trabalho acaba trazendo uma contribuição teórica. E isso pode ser constatado no decorrer de todo este livro agora discutido.

Finalmente, já que estamos tratando dos paradoxos inerentes à tradução, lembremos o que ela diz com referência à compensação que o tradutor recebe geralmente pelo seu trabalho:

Em 2002, uma pesquisa feita na Espanha sobre os tradutores mostrou que essa é a profissão mais mal paga do mundo, levando-se em conta o trabalho exigido deles. O tradutor é um profissional altamente qualificado, tem de manejar à perfeição, no mínimo, dois idiomas, acumular os mais diversos conhecimentos [...] Tanto trabalho em troca de quê? Às vezes tenho a impressão de praticar uma atividade clandestina: o reconhecimento intelectual e social do tradutor, embora crescente, ainda é modesto: é raríssimo que alguém, já não digo elogie, mas comente o seu trabalho [...] A grande incógnita é por que gente tão preparada escolhe se dedicar à tradução literária, e não a atividades mais bem remuneradas. Não tenho resposta. No máximo uma pista.

Se tudo isto é mais do que verdade, reconheçamos que, desta vez, com o seu instigante livro, Rosa Freire d'Aguiar merece não apenas comentário, mas uma verdadeira discussão, tal a importância dos tópicos por ela abordados.

5. LIÇÕES UNIVERSAIS
DE UM TRADUTOR RUSSO

N. M. Liubimov é um nome que não diz muita coisa, mesmo a pessoas bem cultas no Ocidente. Pelo menos, não aparece sequer de passagem na Enciclopédia Britânica (baseio-me na edição de 1995). No entanto, na Rússia, ele é sempre lembrado pelos que se dedicam à literatura e, por isso mesmo, recorrem frequentemente a obras traduzidas.

Trata-se realmente de um grande tradutor, que viveu de 1912 a 1992 e não teve propriamente uma vida tranquila, pois chegou a passar três anos em residência forçada no extremo setentrional da Rússia europeia e participou da agitada e perigosa vida literária de seu país, trabalhando para editoras, num tempo em que os ziguezagues das exigências ideológicas transformavam a vida de muitos intelectuais num inferno.

Mas, em meio a esses tropeços, foi construindo uma obra de tradutor impressionante pela variedade e amplitude e,

111

sobretudo, pelo nível que seus trabalhos atingiram. Os russos cultos geralmente se orgulham das traduções de poesia em sua língua e alguns dos principais poetas foram grandes tradutores. Já em relação à prosa, a tradição não era tão rica, e o grande Óssip Mandelstam publicou em 1929 dois artigos enfurecidos sobre o baixo nível das traduções de ficção para o russo.

Pois bem, as de Liubimov estabeleceram um novo padrão de qualidade para a prosa literária. Elas abrangem dezenas de títulos e parece até inconcebível que a mesma pessoa as tenha traduzido. Mas a marca pessoal inconfundível nos garante a autoria. Ele traduziu, além de outros, o *Dom Quixote*, de Cervantes; o *Decameron*, de Boccaccio; o teatro de Molière e Beaumarchais, Flaubert, Maupassant, Maeterlink e seis dos sete romances de *Em Busca do Tempo Perdido*, de Proust.

Suas concepções sobre o ofício do tradutor foram expostas num livro admirável, *As Palavras Que não Ardem*[1], cuja segunda edição ampliada é de 1988. Ele deixou também uma autobiografia de âmbito mais geral.

A literatura, para ele, era um campo inesgotável de surpresas, e é sempre com deslumbramento que relata os seus achados. Assim, foi em sua centésima leitura dos *Apontamentos de um Caçador*, de Turguêniev, que lhe chamou a atenção a frase "penumbra do luar".

As surpresas com o mundo e a linguagem são acompanhadas por ele desde a infância numa cidadezinha da Ucrânia. E ele acaba atribuindo importância fundamental, para um tradutor, à vivência intensa desde os primeiros anos. Uma vivência ligada ao riquíssimo filão do linguajar do povo.

Essa presença do popular tem um sentido particular na Rússia, certamente ligado à contingência histórica de que o povo se tornou o verdadeiro guardião da língua do país,

---

1. *Niesgoráiemie slová*. Aliás, esse título constitui alusão a uma passagem do romance *O Mestre e Margarida* de Mikhail Bulgakov, onde aparece a expressão "os manuscritos não ardem" (literalmente "não se consomem pelo fogo").

enquanto as obras literárias, até fins do século XVII, só podiam ser escritas em eslavo eclesiástico, a língua da igreja. Portanto, Liubimov na realidade filia-se a uma longa tradição; aliás, segundo parece, não foi por outro motivo que Púschkin recomendou aos escritores seus contemporâneos, muitas vezes tão ligados à tradição francesa, que aprendessem o russo com a fala das fazedoras de hóstia de Moscou.

É natural, portanto, que o autor desse livro sobre tradução confesse o seu envolvimento maior com obras em que o popular está presente de um modo muito imediato, como é o caso de *Dom Quixote* e *Gargantua*. Mas isso não o impede de confessar o seu entusiasmo por obras como as de Flaubert e Proust, por ele traduzidas.

Tendo afirmado que "a língua russa vencerá qualquer dificuldade, não existem empecilhos para ela", narra as suas angústias de tradutor, pois chegou muitas vezes a modificar textos já em provas tipográficas.

"Do meu ponto de vista", afirma ele, "jogos de palavras intraduzíveis quase não existem", e essa asserção é acompanhada de exemplos de soluções encontradas por ele. Em suma, insiste em que a arte de traduzir exige grande ousadia, essa ousadia que não pode prescindir de uma fundamentação exigente.

É muito interessante que ele tenha se impressionado com aquela passagem de Pasternak, num dos ensaios sobre as suas traduções de Shakespeare, onde ele fala da "liberdade intencional sem a qual não existe aproximação dos grandes objetos", que me deixou marcado a ponto de repeti-la quase "ad nauseam", muito antes de ler *As Palavras Que não Ardem*. Realmente, é uma alegria ver confirmada pelo grande Liubimov a escolha acertada de um caminho. E essa posição é afirmada e reafirmada por ele, numa sucessão de exemplos tirados de suas traduções.

A poesia está muito presente nesses seus relatos sobre traduções de prosa. Ele se detém na análise de trechos de poemas e mostra como isto lhe permitiu abordagens mais adequadas em seu trabalho com Rabelais ou Proust.

Todavia, a sua relação com a obra dos poetas russos está ligada a um grande paradoxo. Enquanto em seu trabalho com a prosa ele se mostra tão arrojado e criativo, seu gosto poético é bastante tradicional. Os grandes mestres modernos não são, para ele, nem Khlébnikov, nem Maiakóvski, nem mesmo Blok, mas sim Búnin, o grande prosador que todos admiramos, mas cuja poesia parece completamente alheia ao espírito de seu tempo. Liubimov chega até a expressar simpatia pelos seus ataques às vanguardas do século XX, e é com evidente alegria que transmite afirmações de Pasternak, num encontro particular com ele, no sentido de que renegava sua poesia do início de carreira e queria se concentrar na simplicidade e clareza de seus últimos poemas.

E ao mesmo tempo, a prática do tradutor, tão enriquecedora e ousada, parece até um desmentido às suas declarações programáticas. E também muitas de suas afirmações sobre escritores russos não têm nada de surrado.

Veja-se, neste sentido, a abordagem que faz de Dostoiévski, tantas vezes acusado de escrever mal. Pelo contrário, Liubimov chama a atenção para a finura com que descreve em poucos traços a paisagem, a sabedoria com que maneja o ritmo da narrativa, a habilidade com que utiliza as nuances da língua russa. Em seu desabafo contra os detratores da escrita dostoievskiana, ele chega a afirmar que, embora o romancista empregue, em *Crime e Castigo*, 560 vezes a palavra *vdrug* (de repente), isso não o torna mau estilista, pois de cada vez o termo está motivado pela circunstância.

Enfim, deixando de lado algumas das escolhas e posições teóricas de Liubimov, torna-se muito oportuno mergulhar fundo em seu trabalho magnífico de tradutor.

6. SURPRESAS DE UMA ENCENAÇÃO

Górki está de volta e, felizmente, num dos seus grandes momentos: a peça *Vassah Geleznova* (Vassah, a Dama de Ferro, apresentada sob a direção de Alexandre de Mello no teatro Sérgio Cardoso, em São Paulo).

Causa emoção, certamente, ver de novo os grandes intérpretes de Górki no Brasil, José Celso, Ítala Nandi, Renato Borghi e Fernando Peixoto, que nos lembram montagens de sucesso, a partir de *Os Pequenos Burgueses*, nos idos de 1960 e em meio às turbulências da época, quando a problemática suscitada no palco fazia eco às preocupações da plateia. Tudo isso não embotaria o espírito crítico? Sem dúvida, mas, não sendo crítico de teatro, posso permitir-me uma visada mais impressionista, menos distanciada.

Identifiquei-me inteiramente com as liberdades tomadas pelo diretor, as quais certamente contribuem para tornar a peça mais próxima e mais vital para nós. Ademais,

115

a tradução, realizada a partir do original russo, por Fernando Peixoto e pelo inesquecível Eugênio Kusnet, nos dá uma fluência de linguagem bem brasileira, bem sedutora. E a própria adaptação do título contribui para isso. Lemos nos cartazes:

Vassah
(Geleznova)
A Dama de Ferro

numa disposição gráfica muito feliz e que aproveita o fato de "gelezo" significar "ferro" em russo. Esse "h" do nome não aparece na tradução da peça, publicada pela Hucitec em 1983, mas certamente acrescenta um toque de estranheza que tem seu encanto. E isso ainda é sublinhado pela grafia "Ittala Nandi" nos cartazes, como que a destacar a transfiguração implícita em toda ação teatral.

O espetáculo foi conduzido com uma liberdade em relação ao texto que é realmente magistral e que permite superar o afastamento do espectador em relação ao lugar e tempo em que a ação decorre.

Sierguéi Pietróvitch, o marido de Vassah, surge em vídeo, na figura impressionante de José Celso, certamente num dos momentos mais fortes de toda a sua carreira. O velho estuprador, tão violento em sua devassidão e decadência, é ao mesmo tempo a vítima daquela mulher prepotente e avassaladora (vivida com tanta veemência por Ítala Nandi!), que o convence a suicidar-se em lugar de esperar sua prisão e julgamento.

Outros momentos da peça foram também captados com extrema criatividade, sem aquela fidelidade servil que estraga muitas realizações no cinema e no teatro. Na parte final da peça, aparece a nora de Vassah, Raquel, revolucionária que entrou clandestinamente na Rússia e que pretende levar para o estrangeiro seu filho, criado então no interior, sob a supervisão da avó. Pois bem, no original, o autor dava uma série de índices que tornavam perfeita-

116

mente claro para o público russo, desde o aparecimento da recém-chegada, que se tratava de militante política. Ora, o público brasileiro, que em sua maioria não passou por algo semelhante, certamente não compreenderia aquelas alusões.

Por isso, nesta encenação, a personagem surge cantando a "Internacional". O efeito é, com certeza, mais direto, mais explícito que no texto russo. Mas seria uma traição? Penso que se pode afirmar, com toda convicção, que se trata de algo absolutamente no espírito da peça, e que o afastamento do texto original, em casos como este, permite maior aproximação. Temos aí, com certeza, uma das grandes contradições da tradução e, sem dúvida, toda encenação é na realidade um ato tradutório.

Depois disso, o texto brasileiro e o de Górki avançam juntos, passo a passo, de tal modo que a entrega da nora à polícia, arquitetada por Vassah, aparece como a decorrência lógica, inevitável, daquela situação. E o paroxismo, aquele ato de entrega, é uma verdadeira metonímia: ele representa a culminação de uma série de absurdos sucessivos, ligados à empresa de navegação dirigida por Vassah e àquela família em desmoronamento.

Foi muito bom a encenação basear-se na segunda versão da peça, concluída em dezembro de 1935, pouco antes da morte de Górki, e não na primeira, que é de 1910. Esta é principalmente um quadro da decomposição de uma família burguesa, mas esse quadro, na segunda versão, serve de embasamento a uma ação dramática muito mais concentrada e dirigida mais diretamente para a expressão de um momento da luta revolucionária na Rússia.

Portanto, no caso, estamos diante de outra surpresa. A segunda versão se desenvolve muito mais no espírito do "realismo socialista". Mas, se este deu margem a todos os exageros e absurdos que estamos cansados de conhecer, era na realidade um modo de expressão tão válido quanto outros, desde que não fosse imposto como norma obrigatória.

Enfim, saudemos a volta de Górki aos nossos palcos. Agora estamos muito mais curtidos pelos embates da história, e isto nos permite assimilá-lo em seus bons momentos com mais intensidade e compreensão.

7. VICISSITUDES DE UM POEMA

A edição brasileira de *O Idiota*, de Dostoiévski[1] traz à baila um tema que parece ter, à primeira vista, certa relação direta com a literatura brasileira. Com efeito, as páginas do romance referentes ao "Cavaleiro Pobre", figura introduzida na literatura russa por A. S. Púschkin, fazem lembrar a paráfrase do poema, realizada por Olavo Bilac[2].

No livro *Poesias*, "O Cavaleiro Pobre" vem acompanhado do nome "Pouchkine", entre parênteses, o que parece sugerir uma tradução do francês. Não consegui localizar a fonte intermediária, mas esta certamente se baseou na variante menos rica do texto puschkiniano.

A existência de dois textos diferentes, do poeta russo, se deve aos rigores da censura czarista (conservou-se ainda

---

1. Em *Obras Completas e Ilustradas,* v. 4. Tradução de José Geraldo Vieira, em que me baseei ao escrever este trabalho. Edição recente em tradução do russo de Paulo Bezerra para a Editora 34.

2. *Poesias*, p. 163-164.

uma terceira variante, nada sacrílega, mas que também permaneceu muito tempo inédita). O poema de Púschkin, na versão mais forte, data de 1829, mas só foi publicado bem após a sua morte. A segunda, figura em *Cenas do Tempo da Cavalaria*, conjunto de algumas peças inacabadas de Púschkin (o próprio título foi dado pelos editores ulteriores de sua obra).

Eis o poema de Bilac:

> Ninguém soube quem era o Cavaleiro Pobre,
> Que viveu solitário, e morreu sem falar:
> Era simples e sóbrio, era valente e nobre,
> E pálido como o luar.
>
> Antes de se entregar às fadigas da guerra,
> Dizem que um dia viu qualquer coisa do céu:
> E achou tudo vazio... e pareceu-lhe a terra
> Um vasto e inútil mausoléu.
>
> Desde então, uma atroz devoradora chama
> Calcinou-lhe o desejo, e o reduziu a pó.
> E nunca mais o Pobre olhou uma só dama,
> – Nem uma só! nem uma só!
>
> Conservou, desde então, a viseira abaixada:
> E, fiel à Visão, e ao seu amor fiel,
> Trazia uma inscrição de três letras, gravada
> A fogo e sangue no broquel.
>
> Foi aos prélios da Fé. Na Palestina, quando,
> No ardor do seu guerreiro e piedoso mister,
> Cada filho da Cruz se batia, invocando
> Um nome caro de mulher,
>
> Ele rouco, brandindo o pique no ar, clamava:
> "Lumen coeli Regina!" e, ao clamor dessa voz,
> Nas hostes dos incréus como uma tromba entrava,
> Irresistível e feroz.
>
> Mil vezes sem morrer viu a morte de perto,
> E negou-lhe o destino outra vida melhor:
> Foi viver no deserto... E era imenso o deserto!
> Mas o seu Sonho era maior!

E um dia, a se estorcer, aos saltos, desgrenhado,
Louco, velho, feroz, – naquela solidão
Morreu: – mudo, rilhando os dentes, devorado
Pelo seu próprio coração.

Agora, a primeira versão de Púschkin, traduzida em "prosa vil", como diria certamente o poeta (expressão de outro poema narrativo seu, "O Conde Núlin")[3]:

[...] Existiu outrora um cavaleiro pobre, calado e simples, de ar pálido e triste, mas espírito reto e valoroso. Possuía uma visão intangível ao pensamento, e que lhe penetrou profundamente o coração. Viajando para Genebra, ele viu na estrada, junto a um crucifixo, a Virgem Maria, Mãe de Cristo, Senhor nosso. Desde então, a alma abrasada, não olhou mais para as mulheres, e, até a morte, não quis trocar palavra com uma sequer. Desde então, não baixou do rosto a viseira de aço e amarrou ao pescoço um rosário, em lugar de cachecol. Jamais proferiu o paladino preces ao Pai, ao Filho, ao Espírito Santo, era um homem bem estranho. Passava noites a fio ante a face da Santíssima, dirigindo-lhe os tristes olhos e vertendo, quieto, torrentes de lágrimas. Repassado de fé e amor, fiel ao sonho piedoso, inscreveu *Ave, Mater Dei*, com sangue, em seu broquel. Enquanto os paladinos corriam as planícies da Palestina, proferindo os nomes das suas damas, ao encontro do trêmulo inimigo, *Lumen coelum, sancta Rosa!* clamava ele exaltado, e a sua ameaça fazia fugir de todos os lados os muçulmanos. De regresso ao longínquo castelo, viveu em reclusão severa, sempre quieto, sempre triste, e morreu sem confissão. Enquanto falecia, acudiu o espírito maligno e já se preparava a carregar a alma do cavaleiro para os seus domínios: não rezara a Deus, não jejuara, e em descaminho, arrastara a asa à mãezinha de Cristo. Mas a puríssima, é claro, defendeu-o e fez com que o Seu paladino entrasse no Reino eterno[4].

E eis a segunda versão:

Existiu outrora um cavaleiro pobre, calado e simples, de ar pálido e triste, mas espírito reto e valoroso. Possuía uma visão intangível ao pensamento, e que lhe penetrou profundamente o coração. Desde então, a alma abrasada, não olhou mais para as mulheres, e

3. "Nos últimos dias de setembro (Falando em desprezível prosa)".
4. A. S. Púschkin, *Pólnoie sobrânie sotchniênni*, v. III, p. 163-164.

121

até a morte, não quis trocar palavra com uma sequer. Amarrou ao pescoço um rosário, em lugar de cachecol, e desde então não baixou a viseira de aço diante de ninguém. Repassado de puro amor, fiel ao seu sonho doce, inscreveu *A.M.D.* com o próprio sangue, no broquel. E, nos desertos da Palestina, enquanto os paladinos cavalgavam sobre os rochedos, indo para o combate e proferindo alto o nome das suas damas, ele clamava: *Lumen coelum, sancta Rosa!* árdego e feroz, e a sua ameaça derrubava os muçulmanos como um raio. Regressando ao seu longínquo castelo, viveu em reclusão severa; e, sempre quieto, sempre triste, morreu como um louco[5].

Embora Púschkin tenha eliminado desta segunda versão a saborosa malícia, o toque sacrílego da primeira, ela é, assim mesmo, um belo poema no original. O próprio Dostoiévski, ao publicar *O Idiota*, conhecia apenas esta segunda versão: é o que afirma Leonid Grossman, em sua biografia do romancista[6]. Isto, porém, não o impediu de colocar a figura ideal do Cavaleiro Pobre ao lado de outras grandes personagens literárias que contribuem para a caracterização do seu Príncipe Míschkin.

Certamente, porém, o paladino medieval da primeira versão brasileira não teria causado a Dostoiévski tamanha impressão e dificilmente o induziria a tomá-lo como um dos elementos na construção da personagem.

Na realidade, o texto brasileiro desenvolve-se como outros poemas narrativos bilaquianos: os acontecimentos sucedem-se num crescendo, a tensão aumenta perto do final, e este é coroado pela famosa "chave de ouro". É o que se constata em "O Julgamento de Frineia", "Sobre as Bodas de um Sexagenário" etc. Mesmo a "Profissão de Fé" se construiu segundo este princípio, embora em outros poemas ele tenha percebido a conveniência de um tratamento diverso ("O Sonho de Marco Antônio", "Pantum" etc.).

Abordando o texto puschkiniano, Bilac parece ter concentrado a altissonância parnasiana, as trombetas e clarins que reservava para alguns temas de eleição, e tudo isto apenas

5. Idem, v. 5, p. 481-482.
6. *Dostoievski*, p. 419.

contribuiu para falsear o tom do texto primitivo. É o caso, entre outros, do verso "Mil vezes sem morrer viu a morte de perto", que não figura no original.

Tanto a primeira como a segunda versão do poema russo estão escritas sem nenhuma grandiloquência: uma narrativa em quadras de versos de sete sílabas, apresentação de um episódio medieval, em que a exaltação da figura do Cavaleiro Pobre decorre dos próprios fatos, e não de qualquer recurso bombástico. As rimas cruzadas são singelas, a sonoridade dos versos não apresenta nenhum rebuscamento. Tem-se aí, como ocorre frequentemente em Púschkin, um tema romântico tratado com contenção clássica.

A própria morte do cavaleiro surge como o desfecho natural do episódio. E como tudo isso parece distante do final bilaquiano, do paladino que se estorce aos saltos, "desgrenhado, velho, feroz", e acaba devorado, tão estranhamente, "pelo seu próprio coração"!

Mais próxima do espírito puschkiniano está a versão de José Geraldo Vieira, em sua tradução de *O Idiota*. Veja-se, nessa versão, o final do poema:

> Já velho, regressou ao seu condado,
> E, sem reconhecer o que era seu,
> Envolto no marasmo do passado,
> Um dia em solidão plena morreu[7]

O "marasmo do passado" é um acréscimo do tradutor e a própria construção do texto, em decassílabos e *terza rima*, tem algo de solene, que o afasta, também, da singeleza do original.

Seria o Príncipe de Dostoiévski simplesmente uma reencarnação do Cavaleiro Pobre? Claro que não. As reminiscências literárias aparecem apenas como um dos elementos de caracterização. Baseado principalmente na correspondência de Dostoiévski, Brito Broca apontou muito bem,

7. Op. cit., v. 4, p. 359.

no prefácio à tradução da José Olympio, para a relação do Príncipe com Dom Quixote, Mister Pickwick e Doutor Pangloss, e lembrou que, em rascunhos para o romance, ele aparece como o Príncipe Cristo. Aliás, todas estas alusões são facilmente confirmadas pelo texto do romance. Num posfácio às *Obras Completas*, os organizadores da edição aludem, ainda, a Rousseau, à história de Kasper Hauser, ao Jean Valjean, de Victor Hugo e a um outro romance de Dickens, *Nosso Amigo Comum*[8]. Entrando-se no terreno das conjeturas, podem ser apontadas outras figuras literárias, que também indicariam certas facetas do Príncipe. Por exemplo: o choque de um indivíduo puro, superior, com o seu meio, onde ele passa a ser muitas vezes escarnecido, parece ter muita relação com a comédia *A Desgraça de Ter Espírito*, de Griboiedov, por quem Dostoiévski tinha grande admiração, a ponto de citá-lo em seus romances. É verdade que, por sua vez, esta situação da referida comédia é bastante encontradiça fora da literatura russa, figurando entre os exemplos mais ilustres *Le Misanthrope*, de Molière.

Mas uma das particularidades mais admiráveis da construção deste romance está justamente em que ele não se transforma numa colcha de retalhos, com a inclusão de elementos tão variados. As reminiscências literárias acumulam-se e contribuem para a elaboração da personagem. Por mais traços de outras figuras que se acumulem, elas apenas vão desvendando algumas facetas. *O Idiota* permanece rico em sua simplicidade, complexo em sua inocência e pureza, permitindo mil interpretações diferentes, mil suposições, mas sempre um desafio (pela sua simples existência) a uma sociedade aburguesada e corrompida.

Quanto à paráfrase de Bilac, ela resultou, não obstante as suas qualidades, do ponto de vista da poesia parnasiana, no entrechoque de duas poéticas. E o verso cristalino de Púschkin, de melodia na aparência tão despretensiosa, submergiu sob as trombetas e clangores do parnasianismo.

8. *Pólnie sobrânie sotchiniênii*, v. 9, p. 405.

124

Em Tempo (1961, 1967, 1981)[9]

Depois que este trabalho saiu num livro meu[10], houve pelo menos três novas traduções brasileiras do famoso poema de Púschkin: uma assinada por mim com Nelson Ascher, que se baseou na minha tradução em prosa, há pouco transcrita[11]; a de José Casado em sua coletânea de poemas de Púschkin traduzidos do original, onde aparecem as duas versões principais desse texto[12]; e a de Paulo Bezerra, incluída em sua tradução direta de *O Idiota*, e que se atém ao texto utilizado por Dostoiévski[13].

Devido à minha presença nesta relação, abstenho-me de opinar sobre os textos aqui relacionados.

9. Os anos se referem a este meu trabalho com o poema.
10. *Turbilhão e Semente*, p. 63-64.
11. *A Dama de Espadas: Prosa e Poemas*, p. 275-277.
12. *Púschkin, Poesias Escolhidas*, p. 134-138 e 238-241 (o título do poema é dado pelo primeiro verso, traduzido como Cavaleiro Houve Prestante).
13. Ver p. 288-289.

8. *O IDIOTA* (DO ROMANCE AO FILME)

A crítica apontou muitas vezes para o caráter dramático, "teatral", da obra dostoievskiana, e que explicaria em grande parte a sedução por ela exercida sobre diretores teatrais e adaptadores. Mas, assim como há um Dostoiévski "teatral", outras facetas da sua obra são apanhadas com particular felicidade pelo cinema. A riqueza de situações humanas apresentadas em forma plástica exemplar e em movimento, os conflitos que se expressam ora em gestos largos, ora nas palavras a meia voz, as visões alucinadas, o real que beira o fantástico e o fantástico que se instala no real, tudo isto, que é miolo e cerne nas criações dostoievskianas, constitui um campo extremamente fecundo para o cinema.

Se muitas vezes houve adaptações infelizes, puramente comerciais, deturpadoras do espírito da obra literária, outras se impõem pela transmissão de determinados aspectos que uma leitura mais ou menos rápida, como a que se faz na maioria dos casos, raramente transmite. Por vezes, a impregnação pela obra dostoievskiana aparece em diretores de cinema, mesmo fora da adaptação direta de romances ou novelas de Dostoiévski. É típico neste sentido o exemplo de Visconti: em *Rocco e Seus Irmãos*, toda a sequência que se segue ao assassinato da moça, e que culmina na cena em que o assassino e o enamorado da morta se abraçam, lembra o encontro de Rogójin e do Príncipe Míchkin, após o assassinato de Nastássia Filípovna, em *O Idiota*. Não parece tratar-se de simples coincidência, ou de "imitação", mas de um paralelismo de situações conscientemente procurado pelo diretor, semelhante às alusões e paralelismos literários nos textos do próprio Dostoiévski.

No filme soviético, impressiona a reconstituição de ambientes obtida. Aquela São Petersburgo de Dostoiévski, com as suas noites brancas, a neblina, as escadas escuras, os desvãos e águas-furtadas, o rio e os canais, os rocins decrépitos dos carros de aluguel e o realejo com a sua canção lancinante, os esplendores e a dolência da cidade imperial. Tudo isto se transmitiu admiravelmente na tela, são quadros que se acrescentam à São Petersburgo que todo leitor de Dostoiévski traz na mente, mas quadros que não contrariam o que já se assimilou, e apenas precisam alguns contornos, enfim, uma verdadeira tradução intersemiótica.

O tipo do Príncipe Míchkin constitui igualmente uma grande realização. Se houve no cinema um outro Príncipe Míchkin muito apreciado, o vivido por Gérard Philippe[1], o interpretado por Iúri Iácovlev, e que é tão diferente, não empalidece mesmo quando se evoca o primeiro, ou melhor, até se impõe. A reconstituição do tipo baseou-se, evidentemente, não só no texto do romance, mas também num vasto material interpretativo e em documentos deixados pelo próprio romancista. Sabe-se, por exemplo, que este, ao criar a personagem, imprimiu-lhe traços de uma série de figuras, entre as quais, e com particular ênfase, as de Cristo e Dom Quixote. Pois bem, isto aparece claramente no tipo

---

1. Filme de 1946, dirigido por Georges Lampin.

interpretado por Iúri Iácovlev: o seu semblante macerado tem traços de ambos, bem como do Cavaleiro Pobre do poema curto de Púschkin; é uma figura nobre e pungente, cuja natureza celestial aparece sublinhada pela ignomínia dos ambientes em que circula[2].

No entanto, nem tudo o que aparece no filme harmoniza-se tanto com as impressões de um leitor de Dostoiévski.

Os atores do cinema soviético tinham um tipo peculiar de dicção para os filmes espetaculares, históricos, que tendem para a epopeia. É uma fala vagarosa, quase escandida, solene, e que apresenta um encanto particular. Essa dicção dá um toque especialíssimo a alguns filmes históricos. Por exemplo, em *1812*, as sequências em que aparece o comandante-em-chefe russo, Kutuzov, são particularmente favorecidas pela dicção do ator[3]. No caso da transposição de determinadas obras clássicas, este efeito pode ser também oportuno. Todavia, não é assim que imaginamos a fala das personagens de Dostoiévski. Aqueles diálogos alucinados, frenéticos, o próprio clima das estórias, parecem pedir uma dicção menos escandida, um ritmo diferente, mais veloz. Contudo, o tipo de dicção escolhido pelo diretor reflete toda uma modalidade de transmissão da obra de Dostoiévski. Suas personagens, no filme, tendem para o espetacular, o solene, o grandiloquente até. Ora, se estas características existem na obra de Dostoiévski, elas se combinam ali com as palavras a meia voz e com as verdades singelas. Mas, para transmitir isto, seria necessário atingir certa discrição e comedimento em determinadas passagens, enquanto o diretor tendeu para a exuberância. Aliás, críticas semelhantes a certas adaptações teatrais e cinematográficas de romances de Dostoiévski apareceram na própria imprensa soviética. Por exemplo, Leonid Grossman, grande estudioso da obra dostoievskiana, criticou no jornal *Vietchérniaia Moskvá* (Moscou Vespertina), em 24-1-1957,

2. Cf. Vicissitudes de um Poema, supra p. 119 e s.

3. Título original: *Kutuzov*, filme soviético de 1944, dirigido por Vladímir Pietróv.

uma adaptação teatral de *Crime e Castigo*, então exibida, e formulou a mesma restrição.

Por vezes, este gosto pelo espetacular chega no filme a extremos absurdos. O fundo musical, tão forte nos momentos culminantes, sublinha demasiadamente a ação. A orquestra de cordas, tocando acordes bem sonoros, aliada à postura solene dos atores e à sua fala escandida, imprimem a certas passagens uma feição quase de ópera, de modo que se tem a impressão de que o ator vai colocar-se em posição e emitir um dó-de-peito.

São efeitos humorísticos involuntários, ao lado de outros que foram introduzidos com o propósito evidente de mostrar o lado cômico, às vezes mesmo de farsa, que existe em Dostoiévski. Trata-se de uma transposição para o cinema de determinada tendência da crítica literária russa mais recente. No filme, deu-se um tratamento amplo a este aspecto. Se a própria situação fundamental da parte do romance abordada – a "operação comercial" em torno da pessoa de Nastássia Filípovna – é rica de humor bem amargo, de sarcasmo feroz, de crítica às condições sociais da época, outras passagens secundárias tendem para a farsa e o grotesco. E elas foram reproduzidas em abundância no filme. Mas esta frequência de situações ridículas não terá sobrecarregado a obra, sobrepondo em certas passagens o secundário ao essencial? Se o humor em Dostoiévski é tão frequente, não esqueçamos a sua preocupação de dosá-lo, de fazer com que os efeitos considerados por ele secundários, aqueles que eram "só para rir", não prejudicassem o desenvolvimento dos seus temas trágicos.

Em alguns trechos do filme, aparece um tom de farsa francamente espúrio. Por exemplo, os acordes musicais, sempre os mesmos, que precedem cada aparecimento ruidoso de Rogójin, tiram a dignidade à narrativa, dão-lhe um toque de opereta. Um tratamento que pode ser muito oportuno para anunciar o surgimento do "lobo mau", de Prokófiev, não serve de modo algum para anunciar a chegada de uma personagem como Rogójin. Outro detalhe de humor involuntário: a figura tão altiva de Nastássia Filípovna, tão bem expressa por Edwige Feuillère (no filme francês há pouco citado), a sua beleza ideal, não combinam de modo algum com o buço escuro, quase bigode, que o maquilador não retirou à Nastássia Filípovna do filme (a atriz Iúlia Boríssova). Pode parecer implicância, mas tais pormenores realmente introduzem uma nota dissonante na grandiosidade da trama.

Alguns defeitos provêm, sobretudo, de uma preocupação de fidelidade ao texto, mas uma fidelidade que parece mecânica e que não leva em conta a especificidade da obra cinematográfica, mesmo quando utiliza temas da literatura. Um exemplo disso é o episódio de Marie, a pobre tuberculosa que o príncipe conhecera na Suíça. No livro trata-se de uma dessas digressões típicas de Dostoiévski e que nos permitem compreender melhor as personagens, uma dessas estórias paralelas de que o romancista precisou no decurso tumultuoso da ação. No filme, porém, esta narrativa puramente verbal, feita pelo príncipe, não acrescenta absolutamente nada. Certos procedimentos de Dostoiévski não dão bom resultado nas mãos dos adaptadores. Outros pormenores da ação parecem igualmente deslocados no filme, mas devido ao fato de se tratar de uma primeira parte: eles apenas preparam o clima para a narração de episódios que deverão aparecer na segunda.

Em todo caso, com os seus altos e baixos, com os seus propósitos de reconstituição séria, de honestidade, o filme apresenta um campo de especulação muito rica para os leitores de Dostoiévski.

9. ISAAC BÁBEL E A TRADUÇÃO

Isaac Bábel foi essencialmente um homem de duas culturas.

Criado num meio de judeus russos, impregnou-se da vida judaica tradicional, mas, ao mesmo tempo, viveu intensamente o momento histórico na Rússia no início do século XX. Impregnado tanto de vivências judaicas como de elementos culturais russos, particularmente a literatura, soube expressar com intensidade, com violência até, o embate entre eles. Este trabalho na fronteira entre duas culturas era, na realidade, obra de escritor muito próximo do ato de traduzir.

Não é por acaso, pois, que alguns apontam para o fato de que, escrevendo em russo, utilizou com frequência expressões do idiche de Odessa traduzidas literalmente, criando assim uma estranheza bem peculiar[1].

---

1. Por exemplo: Gregory Freidin, Isaak Babel, em *European Writers: The Twentieth Century*, apud R. Krumm, *Isaac Bábel: biográfia*.

Mas, além deste fato mais geral da pertença de um autor a duas culturas, uma série de circunstâncias liga diretamente Bábel as questões da tradução. A própria temática de seus contos ficou marcada por esses fatos.

Por exemplo, no conto "Guedáli", em *Cavalaria Vermelha*, o diálogo com o velho Guedáli, o "fundador da Internacional que não houve", isto é, a "Internacional dos homens de bem", deve ter ocorrido em ídiche, mas é dada em russo[2].

Também o conto "O Filho do Rabi", no mesmo livro, é tipicamente uma história de tradutor[3]. O personagem central, Iliá, filho do Rabi Mótale Bratzlávski, de Jitômir, morre nas fileiras do Exército Vermelho e, em seu "bauzinho", o narrador encontra, lado a lado, os retratos de Lênin e de Maimônides e versos hebraicos misturados com panfletos comunistas.

Mas esta harmonia entre duas tradições tão díspares é desmentida pelo próprio Bábel, com o conto "Karl Iankel" (Karl, de Karl Marx, associado ao tão judaico Iankel, isto é, Jacó)[4].

Nesse conto de 1931 (antes, portanto, de a cúpula dirigente assumir uma linha antijudaica, a pretexto de combater o "cosmopolitismo") descreve-se a circuncisão de um menino como um ato bárbaro, efetuado sem um mínimo de assepsia. Bábel escreveria, depois, a uma amiga que se tratava de um texto fracassado mas, na realidade, essa carta não seria a confissão do que ele considerava um fracasso diante da oscilação entre dois universos culturais?

A tradução era tão importante para Bábel que ela se tornaria central num de seus contos mais fortes, "Guy de Maupassant"[5], certamente uma das culminâncias atingidas pelo gênero conto no século XX.

---

2. Existem diversas traduções para o português, inclusive uma de minha autoria. Cf. Issac Bábel em Três Textos, *Revista USP*, n. 10, p. 96-97.

3. Publiquei uma tradução desse conto em A. Rosenfeld; J. Guinsburg (orgs.), *Entre Dois Mundos*, p. 373-375.

4. *Ízbranoie*, p. 225-232.

5. Traduzido por mim em A. Rosenfeld; J. Guinsburg (orgs.), op. cit., p. 366-373.

Narrando as peripécias da orientação que deu a uma tradutora principiante, esposa de um editor de Petersburgo, um homem de posses, Bábel formula então alguns elementos básicos da tarefa do tradutor.

Diante daquele texto de alguém que escrevia ("um capricho de grã-fina") "com uma correção cansativa, com desembaraço e sem vida, como os judeus escreviam outrora em russo", Bábel afirma: "A frase vem boa e má ao mesmo tempo. O segredo consiste num giro, quase imperceptível, que se dá. A alavanca deve estar na mão, esquentando-se. É preciso acioná-la uma vez e não duas".

No conto aparece então o discurso do escritor principiante, investido na função de orientar uma prática tradutória, e assim surgem algumas formulações básicas sobre esse trabalho, entre as quais a seguinte: "Nenhum ferro pode penetrar no coração humano de maneira tão gélida como um ponto colocado no momento exato".

Diga-se de passagem que aquela atividade tradutória resultou num quase-adultério, e a tentação da realização pela palavra acabou fundindo-se com uma tentação física.

Nesse conto, reúnem-se, admiravelmente, o narrador e o mestre no ofício de traduzir, um teórico, o criador da linguagem e seu analista, e, além disso, o autor, o narrador e o personagem juntam-se numa só pessoa. Bábel dizia não ter imaginação, mas na verdade seus contos nunca são mera cópia, e já se apontou mais de uma vez o que há de mistificação e fantasia nesses textos (ainda bem!). Além disso, o próprio Maupassant acaba insinuando-se na página como personagem, e aparecem dados biográficos do escritor francês, por quem Bábel tinha verdadeiro culto. Deste modo, um texto que se afastava completamente dos padrões vigentes no século XIX afirmava-se como criação típica de seu tempo.

Aliás, a proximidade de Bábel em relação ao ofício de tradutor é confirmada por informações que têm surgido nos últimos anos.

Sabe-se, por exemplo, que ele organizou uma edição em três volumes de obras de Maupassant, que saiu em 1926 e 27, e para a qual ele traduziu os contos "Idylle", "L'aveu" (o mesmo que sua musa tentadora, do conto "Guy de Maupassant", estava traduzindo) e "Le mal d'André".

Perto do final da década de 1930, foi encarregado de organizar uma edição dos textos do escritor ídiche Scholem Aleikhem, por quem tinha grande admiração, mas a obra não foi concluída, pois a editora estatal deixou de patrocinar essa atividade, quando já se iniciava na União Soviética um clima de hostilidade contra os judeus. Sabe-se, porém, que Bábel chegou a traduzir então diversos textos, mas essas traduções provavelmente se perderam[6].

Além da ligação com o ídiche, deve-se levar em conta a relação com a França: era tamanha que escreveu em francês os seus primeiros contos, mas eles igualmente não chegaram até nós.

Depois que sua mulher emigrou e fixou-se em Paris, Bábel obteve mais de uma vez permissão de ir visitá-la, pois durante algum tempo teve boa relação com as autoridades.

Aliás, esta sua ligação com a França tinha a ver com o clima reinante em Odessa. Fundada em 1794, no reinado de Catarina II, seu primeiro governador foi Armand Emmanuel Du Plessis du Chinon, duque de Richelieu, então a serviço da Rússia, mas que, depois da Restauração, voltou a Paris, onde substituiu Talleyrand, como Ministro das Relações Exteriores e primeiro-ministro. Basta dizer, por exemplo, que o primeiro jornal publicado em Odessa saiu em francês e não em russo.

Enfim, Bábel foi essencialmente um agente da confluência entre culturas. Seu fuzilamento em 1940 foi sintomático do isolamento que se impôs então à Rússia. No entanto, o vigor com que soube expressar essa confluência marca até hoje a íntima relação entre a criação literária e o ato de traduzir.

6. Cf. R. Krumm, op. cit., p. 93, 96, 100, 148, 158.

10. HAROLDO DE CAMPOS, POESIA RUSSA MODERNA, TRANSCRIAÇÃO

Tenho a maior satisfação e sinto-me honrado de estar aqui, nesta confraternização entre nossas culturas, e tanto mais por se tratar de uma verdadeira homenagem a meu amigo de muitos anos, Haroldo de Campos. Aproveito a oportunidade para transmitir a vocês um pouco da minha experiência como seu colaborador no campo da poesia russa moderna.

O seu trabalho "O Texto como Produção (Maiakóvski)" é um roteiro comentado, com muita intensidade e vivência, da tradução que realizou de um dos poemas mais fortes de Maiakóvski, "A Sierguéi Iessiênin", sobre o suicídio desse poeta russo em 1925, mas é também um depoimento sobre como ele iniciou esses trabalhos.

Quando me dispus a traduzir um poema de Maiakóvski, após pouco mais de três meses de estudo do idioma russo, conhecia minhas limitações, mas tinha também presente o problema específico da

137

tradução de poesia, que, a meu ver, é modalidade que se inclui na categoria da criação. Traduzir poesia há de ser criar, sob pena de esterilização e petrificação, o que é pior do que a alternativa de trair. Mas não me propus uma tarefa absurda. Ezra Pound traduziu "nôs" japoneses, numa época em que não se tinha ainda iniciado no estudo do ideograma, ou em que estaria numa fase rudimentaríssima desse estudo, servindo-se do texto (versão) intermediário do orientalista Fenollosa, iluminado por sua prodigiosa intuição. E o resultado, como poesia, excede sem comparação o do eminente sinólogo e niponista Arthur Waley, e acabou, inclusive, por instigar o teatro criativo de Yeats (*At the Hawk's Well*, 1916). Sem que se tenha a imodéstia de pretender repetir, no campo da tradução da poesia, as façanhas poundianas, não há dúvida de que deste caso--paradigma decorre toda uma didática[1].

Depois, em várias passagens, ele se refere à leitura que fiz quando o poema estava ainda em rascunho. O que o poeta não diz, porém, é que, embora ele tivesse estudado até então pouco mais de três meses num curso de iniciação à língua russa, pude dar apenas pouquíssimas sugestões, tal era a qualidade de seu trabalho.

Daí nasceu uma colaboração e convívio que se estenderam a seu irmão, Augusto de Campos, outro grande tradutor de poesia.

Parece-me, às vezes, incrível que nosso trabalho de grupo se tenha desenvolvido tão harmoniosamente, sem atritos de espécie alguma. Acho que na história da tradução foram poucos os casos em que isto se tornou possível, pois quase sempre surgem questões pessoais, competição, rivalidades.

Quanto a nós, houve realmente uma complementaridade operativa, pudemos completar em grupo aquilo que nos faltava individualmente. E a amizade pessoal acompanhou de perto este tipo de realização. Depois, Haroldo teve outros colaboradores, ele tinha certamente uma predisposição especial para o trabalho em equipe. E foi esse espírito que o ajudou a realizar, com a colaboração de nosso helenista Trajano Vieira, a tradução da *Ilíada* de Homero.

1. *A Operação do Texto*, p. 43-44.

138

Compreende-se a atração que Maiakóvski exercia sobre Haroldo e seus companheiros de geração. Estávamos em 1961, quando o interesse dos poetas do concretismo paulista pelo construtivismo, pelas manifestações de um espírito geométrico, que aparece na arte moderna em formas as mais variadas, foi acompanhado de uma identificação com as grandes esperanças da esquerda da época. Era o tempo em que Décio Pignatari falava no "pulo conteudístico--semântico-participante" da poesia concreta e acrescentava: "A onça vai dar o pulo"[2]. Este espírito era evidente em cada um dos poetas do grupo.

Conforme Haroldo conta no trabalho que citei há pouco, ele ficava intrigado com a obra de Maiakóvski: os seus escritos de poética, que ele pudera ler em tradução, mostravam um criador bem cônscio de que a poesia lida com linguagem concentrada ao máximo, de que o poeta deve ser um construtor de linguagem. Mas, quando ele passava às traduções em línguas ocidentais, aparecia em quase todas um poeta de comício, um emissor de *slogans* fáceis e muitas vezes banais. Tentando resolver o enigma e animado por umas pouquíssimas traduções ocidentais (no citado estudo, ele se refere particularmente ao tradutor alemão Karl Dedecius), Haroldo se dispôs a estudar russo, tendo como objetivo principal a aproximação com a obra de Maiakóvski.

Depois que ele me trouxe a sua tradução do poema sobre o suicídio de Iessiênin, percebi que havia nela extremos de virtuosismo, com a recriação de recursos sonoros do original. Este inicia-se assim:

> Vi uchli,
> kak govorítsia,
> v mir inói.
> Pustotá...
> Letítie,
> v zviózdi vriézivaias.

2. Situação Atual da Poesia no Brasil, *Invenção*, n. 1, p. 65.

Pois bem, na tradução de Haroldo isto aparece assim:

Você partiu,
como se diz,
para o outro mundo.

Vácuo...
Você sobe,
entremeado às estrelas.

Os diversos passos do poema foram analisados por Maiakóvski em sua radiografia desse texto, no ensaio "Como Fazer Versos?"[3]. Este ensaio permite compreender melhor o trabalho do poeta, mas, ao mesmo tempo, dá ao tradutor uma responsabilidade maior, torna-se imperativo conseguir, na língua-alvo, aquilo que se realizara na língua de partida e que estava tão claramente exposto pelo artista criador. Foi este o desafio que o tradutor brasileiro aceitou. E, depois de aceitar e vencer este desafio, expôs o seu trabalho de poeta no estudo que citei há pouco. Sem entrar em maiores detalhes, quero lembrar que aquele trecho do original, "v zviózdi vriézivaias", acrescido ao início forte e ao mesmo tempo em tom coloquial, exigia algo correspondente na língua de chegada e que sem isto o poema se tornaria frouxo, pode-se dizer invertebrado. E foi o que Haroldo conseguiu.

Lembro-me de que Roman Jakobson e sua mulher, Krystyna Pomorska, quando estiveram em São Paulo em 1968, falavam do deslumbramento que lhes causara a revelação daquele texto em português, e sobretudo a solução "entremeado às estrelas" para "v zviózdi vriézivaias". Na realidade, Haroldo conseguira fazer o português cantar com sotaque russo, a ponto de um russo como Jakobson encontrar no texto traduzido o som de sua língua-mãe.

3. Em B. Schnaiderman, *A Poética de Maiakóvski Através de sua Prosa*, p. 167-207.

Afinidade entre línguas tão diferentes? Sim, não há dúvida, mas esta afinidade só pode ser desvendada pelos poetas, e, mesmo não sendo religiosos, devemos agradecer aos céus quando isto acontece. Pois o que mais se encontra é a velha cantilena sobre o intraduzível da poesia. Assim, o norte-americano Samuel Charters, num livro sobre Maiakóvski[4], procura desculpar-se dos parcos resultados com suas traduções, afirmando: "inglês e russo não são línguas compatíveis. Elas têm tão pouco vocabulário e gramática em comum que, se tentamos reproduzir a rima e o ritmo do russo, o significado é distorcido, e se este é traduzido literalmente, perde-se a forma poética". Ora, acaso o português e o russo têm maiores afinidades de "vocabulário e gramática"? Parece-me que não. É tudo um problema de realização poética. Assim, na tradução de um famoso *slogan* publicitário de Maiakóvski, Charters escreve, explicativo: "You need no more than the mosselprom store". Mas, como soa direta e incisiva, bem mais próxima do original, a tradução de Haroldo: "O bom? No Mosselprom!"[5]

Na minha estada em Moscou em 1972, encontrei-me com uma especialista em literatura latino-americana, que estava empenhada em estimular alguns poetas cubanos a repetir o que Haroldo e Augusto de Campos haviam feito em português, com a minha colaboração. Pois bem, os textos que ela me mostrou me pareceram bem fracos e, sobretudo, muito presos à poética tradicional. Quando observei isto, respondeu-me: "Ora, é um problema de língua. O português se presta muito mais que o espanhol para uma

4. A. Charters; S. Charters, *I Love: The Story of Vladimir Maiakovski and Lili Brik.*

5. A tradução foi feita por Haroldo, a meu pedido, para o seguinte trecho da autobiografia sucinta de Maiakóvski, "Eu Mesmo": "Não obstante as vaias poéticas, considero 'O bom? No Mosselprom' poesia da mais alta qualificação". Em B. Schnaiderman, op. cit., p. 101. Depois destas restrições, tenho de reconhecer, todavia: o livro dos Charters que citei é uma fonte valiosa sobre Maiakóvski. Ele foi abordado de modo muito penetrante num ensaio de A. de Campos, "Maiakóvski, 50 Anos Depois", em B. Schnaiderman et al., *Maiakóvski: Poemas*, p. 153-161.

transposição criativa". Francamente, eu não acredito nisso. Há quem diga que a sonoridade do português aproxima-se bastante do russo. Mas, em todos os idiomas, é uma questão de encontrar o tom exato para a tradução poética e escolher no repertório da língua aquilo que nos dá o correspondente ao original que se estiver traduzindo.

A partir das traduções de Maiakóvski, estendemos o leque para a poesia russa moderna em geral. A nossa abordagem dessa poesia tinha como eixo dorsal os textos de Khlébnikov e Maiakóvski, cuja obra correspondia mais de perto ao que buscávamos. Mas justamente o trabalho com esses dois poetas facilitou-nos a aproximação com outros bem diferentes deles, o que permitiu elaborar uma antologia bastante abrangente. Assim, depois de *Maiakóvski: Poemas* publicamos a seis mãos *Poesia Russa Moderna*.

Trabalhávamos frequentemente num clima de grande entusiasmo. Muitas soluções eram discutidas por telefone, havia uma impregnação constante pelo trabalho poético. Evidentemente, não dá para acreditar, hoje em dia, em inspiração, pelo menos no sentido que os românticos davam a esse termo. Mas podemos falar, com R. Jakobson, em "configuração verbal subliminar em poesia"[6]. Isto é, o artista criador articula a seu modo as estruturas poéticas da língua, e muitas das soluções acabam surgindo inconscientemente. E esta "configuração subliminar" opera verdadeiros milagres, algo que chega a parecer sobrenatural. Como exemplo, pode-se citar um acréscimo de Roman Jakobson à edição brasileira de seu estudo referido há pouco, onde ele chama a atenção para o fato de que, na tradução do poema "O Grilo", de Khlébnikov, Augusto de Campos empregou, nos primeiros versos, os cinco "eles" do original, sem nenhum conhecimento, por deficiências de comunicação entre o Brasil e a Rússia, dos comentários que o poeta fizera sobre a importância que eles tinham para o arcabouço do texto. Vê-se, pois, que um poeta fala a outro sem necessidade da

6. *Lingüística, Poética, Cinema*, p. 81-92.

explicitação que faz para o leitor. Em *Poesia Russa Moderna*, cito o caso de um poema de Siemión Gudzenko, incluído no livro, e que fora deformado pela censura soviética, mas que Haroldo traduziu suprimindo aquelas deformações, sem saber nada desse problema editorial[7].

Nosso trabalho tinha, às vezes, muito de júbilo, de epifania. Lembro-me agora da alegria com que Haroldo me telefonou para me comunicar o final que tinha conseguido para a tradução da "Carta a Tatiana Iácovleva" de Maiakóvski, escrito em Paris e dirigido a uma russa emigrada, que ele concitava a regressar à pátria. O poema é magnífico, certamente um dos mais belos de Maiakóvski, e tem um *granfinale*, sem o qual todo o texto ficaria desequilibrado. Depois de rabiscar inúmeras soluções, Haroldo chegou ao seguinte resultado:

> Você não quer?
>> Hiberne então, à parte.
> (No rol dos vilipêndios
>>> marquemos:
>>>> mais um x).
> De qualquer modo
>> um dia
>>> vou tomar-te –
> sozinha
>> ou com a cidade de Paris[8].

No texto original, não aparece aquele x, mas se Maiakóvski escrevesse em português e trabalhasse com os elementos gráficos, fônicos e semânticos de nossa língua, certamente haveria de aproveitar aquele x tão sonoro e graficamente tão bonito na página.

Costuma-se dizer que a língua portuguesa é o "túmulo do pensamento", o que é verdade se pensamos nas dificuldades que um texto brasileiro encontra para circular fora do país. Mas o simples fato de estarmos aqui, tratando da obra de um poeta brasileiro, mostra que essa verdade é bastante

7. Cf. p. 44-46.
8. Ver *Maiakóvski: Poemas*, p. 130.

143

relativa, e isso foi reafirmado pelo clima deste nosso encontro e, particularmente, pelos que me precederam.

Posso ilustrar este fato com mais um passo de nossa atividade como tradutores. Haroldo esteve na Tchecoslováquia em 1964, pouco antes do golpe de estado no Brasil. Naquele país teve oportunidade de conversar com uma funcionária dos serviços culturais soviéticos, que, a propósito de poesia de vanguarda, falou-lhe muito de um poeta russo praticamente desconhecido na União Soviética. Tratava-se de Guenádi Aigui, tchuvache de nascimento e que passara a escrever em russo (os tchuvaches são um povo com cerca de um milhão e meio de habitantes, estabelecido na região do Volga). Mas, próximo de Pasternak por ocasião do escândalo do prêmio Nobel, ele não conseguia publicar nada em russo. Os seus versos eram muito conhecidos em tradução, na Polônia, Tchecoslováquia, Iugoslávia e Hungria, mas em Moscou, onde estava morando, era um ilustre desconhecido e enfrentava grandes problemas para garantir a sobrevivência. Por outro lado, o Ocidente quase não tomara ainda conhecimento dele.

Indo a Moscou em 1965, não o encontrei, pois estava de férias no interior, mas deixei para ele uma carta em que manifestava interesse por sua poesia. Em resposta, enviou-me inúmeros materiais e muitos poemas seus datilografados. Sua poesia nos impressionou desde o início e ele é o poeta, então vivo, que tem maior espaço em nossa antologia.

Depois disso, enviamos cópias de seus poemas a vários amigos na Europa ocidental e, deste modo, certamente contribuímos para a sua divulgação no mundo. Hoje, após a *glasnost*, ele é poeta publicamente reconhecido, mas até o prestígio que tem em seu país deve muito à divulgação que se fez dele no Ocidente, nos cerca de trinta anos em que viveu no ostracismo. Uma vida admirável, de fidelidade irrestrita à poesia, que chegava quase à autoimolação. O estético, no caso, aliava-se a uma postura ética inabalável[9].

---

9. Aigui faleceu em 2005. Textos seus foram reunidos por Jerusa Pires Ferreira e por mim no livro *Guenádi Aigui: Silêncio e Clamor*.

O interesse apaixonado de Haroldo e Augusto pela poesia de tantos outros países e, de minha parte, a ocupação com outros setores da literatura russa desviaram-nos de um esforço contínuo nesse campo. No entanto, os anos que passamos lidando com os textos da poesia russa, e também os estudos de língua que Haroldo e Augusto empreenderam comigo, deixaram-me para sempre a mais grata recordação.

Por isso mesmo, quero recordar um pouco mais como isso aconteceu a partir de 1961. Augusto, Haroldo e Décio Pignatari foram a minha casa, apresentados por nosso amigo comum, Anatol Rosenfeld, um nome importante dos nossos estudos literários, que saiu jovem da Alemanha, fugindo do nazismo, e se fez escritor no Brasil. Combinei com Haroldo aulas de russo aos sábados. Pouco depois, Augusto de Campos matriculava-se no Curso Livre de Russo, de criação então recente na Universidade de São Paulo, e do qual eu era o único professor.

Meu trabalho didático dirigido aos dois poetas diferenciava-se evidentemente do usual. No trecho que li no início de minha palestra, Haroldo lembra como eram parcos na época os seus conhecimentos de língua russa. E o seu objetivo principal não era chegar a comunicar-se oralmente, mas, sim, o de estudar os textos poéticos. No processo de aprendizagem, ele se dedicava com afinco e sem resistência ao trabalho de memorizar as categorias gramaticais. Tanto Haroldo como Augusto receberam melhor que os demais alunos aquela carga de banalidades: João foi à escola, Vera foi ao supermercado, e assim por diante.

Depois de algum tempo, percebi o que estava acontecendo. No final de cada lição, havia um ou dois provérbios, e isso tornava, para ambos, mais suportável toda a carga de sensaboria, pois o provérbio lhes dava a oportunidade de assimilar um fato de linguagem e poesia. Tudo o mais, além do prazer que eles tinham em assimilar as estruturas da língua, era uma espécie de preparação daqueles momentos felizes. Alguns desses provérbios os deixavam simplesmente em êxtase. E a possibilidade de trabalhar com aquelas sentenças como textos poéticos sobrepujava todos os outros inconvenientes: o professor sem experiência didática, o método tradicional do compêndio etc.

Felizmente, aquilo ocorreu antes que os cursos de línguas fossem invadidos pelos métodos audiovisuais, aplicados mecanicamente, de modo que se tornavam muitas vezes uma versão modernosa e aparentemente mais sofisticada do ba-be-bi-bo-bu do começo do século XX. Assim, quando os alunos reclamavam do uso dos compêndios e exigiam métodos mais modernos, sobretudo em 1968, eu me lembrava sempre com carinho daquele compêndio francês, tão antiquado e tão poético, com aquela recompensa dos provérbios rimados, no final de cada lição.

A reação de Haroldo e Augusto aos provérbios fez com que eu procurasse outros para enriquecer as aulas, e assim a poesia dos provérbios animou os nossos trabalhos com as declinações ou com os terríveis verbos de movimento russos. Foi, por exemplo, um dia de glória quando levei à aula o provérbio "Nievino vinó, vinovato pianstvo" (o vinho é inocente, culpada é a bebedeira), onde *vinó* designa também vodca (isto em linguagem popular). Aquela ênfase nos ii marca, está claro, a sonoridade do dito. Além disso, há um jogo com a palavra *vinó* e as derivações de *viná* (culpa), sugerindo uma vinculação etimológica, que segundo os dicionários não existe.

Foram esses trabalhos com os provérbios russos que me permitiram apontar, no livro *A Poética de Maiakóvski Através de sua Prosa*, a relação da poesia russa moderna com a tradição popular. E agora, o trato contínuo com o popular, graças a Jerusa, deu mais consistência a estas minhas indagações.

Enfim, não consigo muito separar poesia de vida. Quanto mais presente a poesia, mais rica a vida. E tudo isso, evidentemente, está muito ligado à presença de Haroldo, ao convívio constante com ele, mesmo nas ocasiões em que estamos separados pela distância.

146

Post-Scriptum

Releio o texto desta palestra (proferida há doze anos) poucas semanas após a morte de Haroldo.

Se eu a concluí tratando da relação entre poesia e vida, foi porque, poucos dias antes, ele me dissera: "Eu tive de escolher entre a vida e os signos, e acabei escolhendo os signos". Ora, o seu comportamento na viagem que realizamos juntos ao Uruguai, Haroldo com Carmen, eu com Jerusa, acompanhados por um grupo de amigos, participantes daquele seminário, parecia um desmentido cabal à sua declaração tão peremptória.

Lembro-me de Haroldo vivo e alegre, solto, de riso franco, cantando boleros depois que Jerusa entoava o verso inicial. Lembro-me também de seu gosto por trajes vistosos, o prazer com que se apegava a uma fivela de cinto ou cachecol bonito, e da alegria com que atacava um prato saboroso ou um bom vinho. E o que dizer de sua afetividade e do carinho com que ele recebia estudantes e pesquisadores?

Mas, ao mesmo tempo, tudo passava pelo mundo dos signos. Em seus momentos alegres, articulava expressões muitas vezes engenhosas, as metáforas fluíam com a maior naturalidade, em borbotão e já articuladas numa expressão poética.

A paixão pelo dizer em língua portuguesa estava ligada nele à paixão pelas línguas em geral, que o fazia viajar pelos mais diversos idiomas, sempre com entusiasmo e empenho. Seu encantamento pelo ideograma chinês e pela poesia japonesa não era menor nem maior do que o fascínio pelos textos bíblicos.

O falar e o escrever estavam nele intimamente ligados à poesia, e não foi por acaso que ele viu como típico da modernidade a abolição das fronteiras entre poesia e prosa. Essa posição teórica estava intimamente associada à sua postura, havia "função poética" em tudo o que dizia, a própria gesticulação se ligava a isso. Não constituiu, pois, nenhuma surpresa para mim a teorização que desenvolveu neste sentido no livro organizado pela Unesco sobre as literaturas da América Latina[10].

Se a sua elocução oral já estava próxima da poesia ou, melhor, já era poesia[11], o cuidado com que elaborava os textos em prosa trazia esta marca bem acentuada.

Ele falava sempre de signos, tinha um interesse muito grande pela pintura, o cinema o deslumbrava, era muito ligado à música moderna, teve um período de aproximação íntima com o nosso teatro, recordo seu interesse pelas novelas de televisão, numa época em que eu simplesmente as evitava, mas o que o apaixonava mesmo era a expressão verbal – o fulcro de toda a sua vida. Não havia, pois, nem um pouco de bravata quando, nos últimos anos, já doente, ficava trabalhando com Trajano Vieira na tradução da *Ilíada* e dizia ser aquilo a sua "homeroterapia".

Realmente, a paixão pela palavra era o que o prendia à existência. Mesmo alquebrado, ainda encontrava forças para ler poemas e transmitir em palestras e mesas-redondas a sua concepção do fazer poético. Só nas últimas apresentações sua voz chegou a falhar, mas nunca lhe faltaram lucidez e energia. Quem participou daquelas reuniões não poderá esquecer o exemplo do lutador que vai até o limite de suas forças.

Sua vida, dedicada inteiramente à poesia, é motivo de orgulho para todos nós. E é com encantamento e emoção que eu lembro o tempo quando tive a sorte e o privilégio de acompanhá-lo em seu convívio com a poesia russa.

Esta foi de importância crucial para ele. Aqueles dias em que lidamos, Haroldo, Augusto e eu, com a grande poesia dos russos do século xx (do período anterior, infelizmente, Haroldo só chegou a traduzir umas poucas estrofes do romance em versos de Púschkin, *Ievguêni Oniéguin*) marcaram cada um de nós com o impacto daquela vivência poética.

10. Ruptura dos Gêneros na Literatura Latino-americana, em C. F. Moreno (org.), *América Latina em sua Literatura*, p. 281-306, ver p. 294 e s.

11. Cf. J. P. Ferreira, Haroldo Oral, *Revista USP*, São Paulo, n. 59, set./nov. 2003, p. 184-189.

Como foi jubiloso, por exemplo, o dia em que Haroldo recebeu pelo correio o texto do poema "Goya" de Andréi Vozniessiênski, copiado à mão, numa caligrafia caprichada, pelo grande eslavista italiano Angelo Maria Ripellino! Ou aquelas cartas sucessivas que recebi do poeta russo-tchuvache Guenádi Aigui, acompanhadas de poemas seus, quase sempre datilografados e todos inéditos. Foi realmente o início de uma amizade a três, cultivada em meio às tormentas e desilusões de dois séculos. Haroldo haveria de encontrar o nosso amigo xamânico e grande poeta em Copenhague, num congresso de poesia em 1993 – há uma fotografia desse encontro em nosso *Poesia Russa Moderna*. E esta amizade a três teve ressonância pelo mundo (estou me repetindo, não importa), pois acabamos reenviando aqueles textos de Aigui, nas décadas de 1960 e 70, para amigos na Europa. Assim, este nosso "túmulo do pensamento", o português, pôde funcionar como veículo para outras culturas.

Haroldo acabou tendo também um contato pessoal com Andréi Vozniessiênski, com quem se encontrou em Paris, creio que em 2001. Ultimamente, ele queria realizar comigo e com Augusto uma coletânea de Vozniessiênski e Aigui, os dois poetas atuais da Rússia com quem tivemos mais afinidade. E esta sua intenção foi reiterada por ele num telefonema que me fez do hospital.

No entanto, projetos, trabalhos, delírios criativos, tudo se esvaiu num leito de UTI.

Penso agora no caminho percorrido e constato que esses anos de convívio com Haroldo foram, sobretudo, uma longa aprendizagem. Pois a sua passagem pela Terra nos trouxe um exemplo e uma lição de poesia no cotidiano, a apoteose da comunicação humana, uma verdadeira epopeia do ato tradutório, um monumento ao engenho humano, um anular de fronteiras e comunhão permanente entre as linguagens.

11. FARÂNDOLA DE NOMES

Para quem se ocupa com a divulgação da literatura russa, uma das peculiaridades mais difíceis de traduzir é a importância que têm, nessa literatura, os nomes próprios, fato que reflete, muitas vezes, características da linguagem coloquial. Exemplos disso podem ser citados às dezenas, às centenas.

No conto "Brincadeirinha" de Tchékhov, o personagem central recorda um episódio de sua mocidade, quando ele ia frequentemente deslizar de trenó, montanha abaixo, em companhia de uma jovem, e, toda vez que desciam o morro, em meio ao zunir do ar, às lufadas de vento, murmurava-lhe ao ouvido: "Eu te amo, Nádia". Cessada, porém, aquela brincadeira perversa, continuava a tratá-la de Nadiedja Pietrovna[1], isto é, suas relações continuavam formais e distantes, o que fica expresso pelo patronímico Pietrovna. Mas,

---

1. Nádia é o diminutivo mais corrente de Nadiejda.

decorridos muitos anos, o personagem refere-se à moça, no plano da evocação, com o diminutivo carinhoso Nádienka. Portanto, há no conto três planos emotivos diferentes, cada qual marcado por uma forma de tratamento: Nadiejda Pietrovna – Nádia – Nádienka. Como transmitir, numa tradução, esta característica essencial da história? Ou melhor: como se arranjaria, neste caso, um tradutor que tivesse aversão às notas de rodapé e às explicações introdutórias ou de posfácio?

Em outro conto de Tchékhov, "A Corista", uma senhora de classe média vai à casa da corista que era amante de seu marido, a fim de lhe exigir uma ajuda para repor dinheiro que o homem tinha subtraído na repartição onde trabalhava. O conto constitui, sem dúvida, uma evidência da mestria do autor na arte do diálogo. Desde as primeiras palavras da corista, percebe-se que esta é mulher simples, honesta, boa. E a sua origem popular é frisada pelo nome, Pacha, um diminutivo de Prascóvia. Se ela pertencesse a outra camada social, o seu nome tão russo de Prascóvia se transformaria em Polina (do francês "Pauline"), e teria o diminutivo Pólia. Aliás, esta diferença de emprego entre Polina e Prascóvia foi sublinhada por Dostoiévski em *Um Jogador*. Quando a velha avó chega à estação de águas alemã, logo se volta contra a ocidentalização dos russos que ali veraneavam, e atira ao rosto da Polina do romance que, na realidade, ela era Prascóvia.

A simbologia dos nomes próprios constitui velha tradição na literatura russa. Ela já aparece nos textos mais antigos. Nestes, frequentemente, há um epíteto que acompanha indissoluvelmente o nome, conforme se constata nos contos tradicionais: Kaschei, o Imortal; Vassilissa, a mui Bela etc. No entanto, mais tarde, o epíteto passa a ser, às vezes, incorporado ao nome, e esta prática permite obter os recursos mais diversos, pelo simples emprego de onomásticos significativos.

É sem dúvida algo semelhante ao que aparece nos nomes de personagens de Gil Vicente: Maria Parda, Branca Leda, Joana de Lumiar, Martins Alho e tantos mais, inclusive um personagem que é designado apenas como Viúvo. Um procedimento como este ocorre em romances de cavalaria. Assim, em *Tirant lo Blanc*, de Joanot Martorell, surge, na tradução de Cláudio Giordano, uma jovem chamada Prazerdeminhavida, que é alcoviteira gentil, sensual, arteira e ardilosa.

Gógol, que possuía uma capacidade extraordinária de frisar o grotesco na linguagem, obteve com um recurso semelhante efeitos expressivos riquíssimos. Por exemplo, o personagem do *Diário de um Louco* chama-se Poprischchin, nome bastante ridículo, relacionado com "prisch" (espinha), e que reforça o grotesco trágico da situação: o louco é uma espécie de espinha, de excrescência social. Já o nome de Akáki Akákievitch, de *O Capote*, é um verdadeiro achado. A reunião cacofônica de sons "ka", acompanhada de alusão coprológica, torna o nome tão ridículo para o ouvido russo que, evidentemente, o simples fato de um homem possuir este nome já o define como uma criatura profundamente infeliz, condenada de antemão à zombaria do próximo. Isto além do fato de que esta repetição combina muito bem com a sua condição de copista. O próprio sobrenome Baschmátchkin, que provém de "baschmák" (sapato), muito característico para quem é pisado pelos demais, é facilmente esquecido, diante da conjugação ridícula e engraçada de sons, que se obtém com o prenome seguido do patronímico.

A relação das personagens de *O Inspetor-Geral* constitui página altamente humorística, e que passa geralmente despercebida pelo leitor estrangeiro, para quem os nomes russos em geral têm um caráter tão rebarbativo que o grotesco deste ou daquele onomástico se perde completamente. O sobrenome do suposto "inspetor", Khlestakóv, provém de "khlestát" (açoitar), de modo que ele contribuía para assustar ainda mais os funcionários da cidadezinha. O sobrenome do prefeito, Skvoznik-Dmukhanóvski, é uma caçoada com os sobrenomes duplos e arrevesados, "skvoznik" significa: corrente de ar, e "mukha", mosca. O nome

153

Artiêmi Filípovitch Ziemlianika contém um contraste entre a imponência do prenome e do patronímico, seguidos pelo sobrenome que significa "morango". Esta contradição contida no nome parece intencional, em vista da característica que o próprio autor nos dá sobre o personagem: "curador de instituições beneficentes, muito gordo e desajeitado, mas, assim mesmo, furão e vigarista. É bem solícito e agitado". Os nomes Bóbtchinski e Dóbtchinski são outro achado, de um cômico irresistível, mormente quando aliados à imagem de dois baixotes barrigudos, que falam depressa e gesticulam muito. O nome do juiz Amós Fiódorovitch Liápkin-Tiápkin contém igualmente uma contradição saborosíssima. O nome e o patronímico (Amós Fiódorovitch) são de uma solenidade a toda prova, enquanto o sobrenome duplo faz alusão, pelo som, a *liápat* (dizer uma gafe), *triapka* (trapo), *stianut* (puxar para fora, mas também: roubar, surrupiar) e *stzapat* (abocanhar), o que não deixa de ser surpreendente, em se tratando de um juiz solene e compenetrado.

Essa tendência de já definir um personagem teatral pelo simples nome constitui verdadeira tradição no teatro russo. Se ela se popularizou em grande parte depois de Gógol, deve-se reconhecer que já é bem evidente no teatro russo do século XVIII. Aliás, essa tradição chegou até uma época bem posterior, aparecendo, por exemplo, na peça *Os Inimigos*, de Górki.

Maiakóvski, em suas peças, rivalizou com Gógol, na capacidade de explorar os recursos grotescos dos nomes próprios russos. O burocrata-mor de *Os Banhos* chama-se Pobiedonóssikov, o que se origina de "pobieda" (vitória) e "nossit" (carregar) ou "nóssik" (narizinho), mas ao mesmo tempo lembra o nome Pobiedonostzev, político extremamente reacionário, que exerceu grande influência no reinado de Alexandre III. Não satisfeito com toda esta simbologia implícita num simples sobrenome, Maiakóvski atribuiu-lhe um cargo com a sigla de "glavnatchpups": "glavnatch" é abreviatura corrente de "chefe supremo", enquanto "pups", embora correspondesse à abreviatura da repartição imaginada pelo autor, lembra imediatamente "pup" (umbigo). E tudo isso resulta inequivocadamente numa caçoada com as siglas complicadas e esdrúxulas de certas repartições da época. As demais personagens da peça têm igualmente nomes significativos, cuja relação com o tipo é tão marcante que lembra imediatamente *O Inspetor-Geral*.

Pelo exposto, poder-se-ia pensar que esses nomes significativos constituam sempre um recurso grotesco ou simplesmente humorístico, mas o processo pode ser empregado com intenção bem diferente. É o que se constata, por exemplo, na obra de Doistoiévski. Raskólnikov provém evidentemente de "raskol" (cisma religioso que ocorreu na Igreja Russa no século XVII) e isto se adequa muito bem à concepção dostoievskiana do crime. Ademais, a palavra significa "cisão, fragmentação", e isto nos remete de imediato ao problema da consciência cindida[2]. A personagem tão trágica Niétotchka Niezvânova tem um nome igualmente simbólico. Conforme explicação do autor, Niétotchka era um diminutivo carinhoso de Ana, inventado pela mãe da personagem (Aniuta é o diminutivo comum, mas ela dizia Anieta, e, depois, Niétotchka). Niezvânova dá ideia de criatura sem nome. Visto que Niétotchka, pelo sentido, liga-se com "niet" (não), o nome de Niétotchka Niezvânova simbolizava, provavelmente, para o autor, as criaturas abandonadas e desprotegidas cuja existência pretendeu apresentar nesse romance inacabado[3].

Em relação a Dostoiévski, pode-se dar outro exemplo de como a simbologia dos nomes acompanha de perto a própria essência de suas obras. Assim, já se afirmou mais de uma vez que seu primeiro livro, o romance *Gente Pobre*, tem muito em comum com Gogol, mas que Dostoiévski

2. Tratei disso de modo um pouco mais desenvolvido no ensaio, Dostoiévski e a Ficção como Pensamento, em A. Novaes (org.), *Artepensamento*.

3. Cf. B. Schnaiderman, Posfácio: Um Grande Romance Truncado, em F. Dostoiévski, *Niétotchka Niezvânova*, p. 215-227

acrescentou às personagens uma consciência aguda, inerente a todo o seu processo criativo. A personagem masculina desse romance, Macar Diévuchkin, já carrega no seu nome a diferença em relação às figuras gogolianas. Diévuchkin vem de *diévuchka*, isto é, uma jovem, o que imprime ao texto um toque de suavidade, em contraste com o grotesco tão gogoliano de Akáki Akákievitch.

Aliás, não seria errado traduzir o título como *Pobre Gente*. Neste caso, sublinhar-se-ia a relação desta obra com as personagens sentimentais do século XVIII russo e, sobretudo, com *A Pobre Lisa*, de Nicolai Mikháilovich Karamazin.

Foram realmente poucos os grandes escritores russos que não utilizaram, a não ser ocasionalmente, este recurso dos nomes simbólicos. Na maioria, percebe-se verdadeira volúpia de aproveitar as possibilidades de uma língua em que a sugestão, a paródia, o jogo de palavras têm um caráter tão legítimo, em que o lúdico se alia com tamanha facilidade ao sério, a galhofa ao símbolo transcendente, e em que um simples nome pode trazer toda uma gama de significados.

Aí ficam, como amostra, uns poucos exemplos da verdadeira farândola de nomes próprios significativos, que se encontra, infindável e variadíssima, nas grandes obras da literatura russa.

156

12. DILEMAS DE UMA TRADUÇÃO

Decidido a realizar um estudo, na medida do possível, aprofundado do conto "O Senhor Prokhártchin", para defender uma tese de livre-docência na USP, tive de enfrentar, no decorrer do trabalho, uma série de dilemas, a começar pelo seguinte: fazer nova tradução ou aproveitar alguma das várias existentes em português?

Entre as traduções consultadas, todas indiretas, a que me pareceu mais elaborada literariamente foi a de Vivaldo Coaracy, na edição da José Olympio[1]. É realmente um belo texto em português. Mas seria suficiente? As características que eu pretendia ressaltar na obra desapareciam, em grande parte, na tradução. Esta amaciava o original, tornava-o mais acessível ao leitor, mais agradável. A própria sequência narrativa ficava submetida ao lógico-discursivo. O texto do original era acompanhado passo a passo, mas faltava

1. *Obras Completas e Ilustradas*, v. 8.

um longo trecho descritivo que me parecia essencial para a construção do conto[2]. E constatei esta ausência também na tradução de Natália Nunes[3], embora não pareçam ter utilizado a mesma fonte intermediária.

O fato se liga, no meu entender, ao problema geral das traduções do russo. Com esta ou aquela exceção, está superada a fase do completo falseamento das traduções, que foi característico da divulgação maciça da literatura russa a partir da década de 1890, quando a aproximação política russo-francesa e o livro de Melchior de Vogüé sobre o romance russo[4] estimularam aquela divulgação.

Mas, se hoje em dia geralmente há maior fidelidade, pelo menos quanto a cortes e adaptações, como alteração na ordem dos capítulos, condensação do argumento etc., há considerável predomínio, mesmo em nosso meio, da tradição de elegância e bom gosto ditada pelo padrão francês. Um editor francês dificilmente se conforma com a aspereza de linguagem e o despojamento estilístico de alguns autores russos. Tive ocasião de tratar deste assunto num dos primeiros artigos sobre literatura russa que escrevi[5], quando afirmei que traduções francesas excelentes como estilo, como texto em francês, caracterizam-se, no entanto, por maior suavidade, por um polimento nas arestas que altera completamente o tom do original. Como um dos exemplos, citava na ocasião a tradução de *Niétotchka Niezvânova*, por Henri de Mongault e Lucie Désormonts, em que no trecho no qual Niétotchka acompanha o padrasto pelas ruas de Petersburgo, após a morte da mãe, e ele desce para junto de um canal, sentando-se sobre a última baliza, o texto original diz: "A dois passos de nós, o gelo se rompera" e na tradução ficou: "A deux pas de nous, l'eau

2. Trecho próximo do final, onde se enumeram as moedas encontradas no colchão de Prokhártchin, após a morte deste.

3. F. Dostoiévski, *Obra Completa*, v. I.

4. *Le Roman russe*.

5. Traduções do Russo, *O Estado de S.Paulo*, 7 fev. 1959, Suplemento Literário.

tourbillonait"[6] (em português diríamos: a dois passos de nós a água turbilhonava).

Ora, em relação ao conto "O Senhor Prokhártchin", semelhantes "polimentos de estilo" e frases de efeito se tornam particularmente catastróficos, pois se trata de uma das obras mais estranhas de Dostoiévski, em que cada palavra tem a sua importância, e o "embelezamento" fere o conto no que ele tem de mais característico.

Aliás, quando Tzvetan Todorov quis fazer, em francês, um estudo sobre *Memórias do Subsolo*, de Dostoiévski, defrontou-se com o mesmo problema e, para ter um texto utilizável, lançou mão de uma nova tradução[7].

Em "O Senhor Prokhártchin", os longos períodos, os parágrafos compridíssimos, têm a sua função, dando, por exemplo, um toque arcaico ao discurso do narrador. Torná-los mais curtos faz a obra mais legível, mais agradável para o leitor, mas tenho eu o direito de suprimir uma dificuldade que é inerente à construção do conto, e que evidencia determinadas características do gênio criativo de Dostoiévski? O senhor Prokhártchin fala de modo arrevesado, mas nas traduções, pelo menos nas que tive ocasião de consultar, seu discurso é mais coerente, tem melhor sequência, não está repleto ora de partículas expletivas, ora de partículas que parecem colocadas ali apenas para estorvar a comunicação, e que marcam uma situação característica. Não será importante conservar tudo isto na tradução? Aliás, em teoria da tradução literária, muitos seguidores têm o ponto de vista de que, frequentemente, é preciso fazer violência com a língua para a qual se traduz, a fim de transmitir melhor o espírito do original (encarada por este prisma, a boa tradução torna-se até um fator de enriquecimento da linguagem literária).

Assumida esta posição, chego à constatação de que não posso abrasileirar demais o texto. Mas, ao mesmo tempo,

6. *Oeuvres*, v. 1, p.1116.
7. *Notes d'un souterrain*, notas bibliográficas e introdução de Tzvetan Todorov, tradução e notas de Lily Denis.

se o original utiliza gíria, evidentemente não vou me servir da linguagem popular lisboeta. Portanto, neste caso, o meu trabalho deve desenvolver-se entre estes dois limites impostos pelo texto-base.

Depois que decidi proceder à tradução do conto para o trabalho, surgiu novo dilema: traduzir antes de efetuar uma análise minuciosa ou depois desta?

O trabalho universitário nos liberta, muitas vezes, de uma das maldições terríveis do tradutor (à custa de outros estorvos, sem dúvida): a tarefa de encomenda para as editoras, geralmente mal remunerada, com prazo certo e quase sempre demasiadamente apressada. Mas o fato de eu poder trabalhar o texto com mais vagar, ou melhor, com mais intensidade e concentração, não anulava o dilema. Eu já refletira sobre o conto, tinha uma ideia clara do que pretendia defender na tese, mas ainda assim deixei a tradução para o fim, pois, quanto mais eu trabalhava o original, mais patentes se tornavam as suas características de obra ímpar, injustamente relegada a um plano secundário.

Depois de lidar com o texto quase diariamente, durante alguns meses, e de aplicar a ele diferentes procedimentos de análise, pareceu-me ter fundamentado, bem ou mal, uma conclusão de algum interesse: o da proximidade de Dostoiévski com a linguagem poética, sobretudo nos primeiros contos, fato para o qual procurei também dar uma explicação no campo da diacronia.

Tudo isso tornou mais consciente o meu trabalho de tradutor. É verdade que, iniciada a tarefa, e apesar de tantos anos de prática, defrontei-me com nova dificuldade, a pedra de toque de toda tradução literária. Ortega y Gasset, no magistral ensaio "Miséria e Esplendor da Tradução"[8], afirma que "escrever bem consiste em fazer pequenas erosões à gramática, ao uso estabelecido, à norma vigente na língua"[9], e a tendência do tradutor é encerrar o escritor

8. *Obras*, v. 2, p.1363-1380.
9. Idem, p.1364.

traduzido na prisão da linguagem normal. Com efeito, o tradutor, na maioria dos casos, é um escritor médio, escrevendo na linguagem literária média. E quando ele se afasta desta, os próprios revisores das editoras zelam com frequência para que a norma da linguagem corrente não seja transgredida. Certa vez, quando apareceu na minha tradução de um outro texto de Doistoiévski a expressão "cor hemorroidal", o revisor da editora José Olympio insistiu comigo em que a expressão não existia em português. Ora, se ela foi criada por Gógol para definir a cor do rosto de Akáki Akákievitch de *O Capote*, e se depois Dostoiévski assimilou-a, tenho eu o direito de eliminá-la do meu texto ou chega a ser, neste caso, um dever de tradutor o rompimento do consagrado, segundo alguns, como padrão da língua, embora, a rigor, nada o justifique?

A única objeção que me parece cabível, em relação ao trecho de Ortega y Gasset citado há pouco, é quanto à expressão "pequenas erosões à gramática". Serão "pequenas" as erosões que encontramos, por exemplo, num Guimarães Rosa?

Evidentemente, não se pode esperar que Dostoiévski seja traduzido por outro Dostoiévski, mas, desde que o tradutor procure penetrar nas peculiaridades da linguagem primeira, que se aplique com afinco e faça com que sua criatividade orientada pelo original permita, paradoxalmente, afastar-se do texto para ficar mais próximo deste, um passo importante será dado. Deixando de lado a fidelidade mecânica, frase por frase, tratando o original como um conjunto de blocos a serem transpostos, e transgredindo sem receio, quando necessário, as normas do "escrever bem", o tradutor poderá trazê-lo, com boa margem de fidelidade, para a língua com a qual está trabalhando.

No meu caso, pude beneficiar-me, ainda, com as sugestões da banca examinadora no concurso de livre-docência, quando apresentei a tradução daquele conto de Dostoiévski, acompanhada da sua discussão. O texto apresentado era, conforme o definiu Décio Pignatari numa conversa, tipicamente "brutalista", pois eu me preocupara em apresentar esta característica de Dostoiévski, escamoteada por tradutores ciosos de realizar um trabalho em boa linguagem literária. Orientado por esta opinião e por sugestões que me foram feitas, retrabalhei o texto, pois realmente exagerara um pouco no sentido da "brutalidade", foi preciso procurar um "ponto de equilíbrio" que se aproximasse mais do original. Mas nada disso anula minha tese essencial, a da importância deste conto, que me permite situar Dostoiévski como precursor de toda a ficção moderna, criador de obras em que o rompimento do determinismo causal do século XIX resulta numa prosa estranhamente próxima da poesia, rica de contrastes e saltos, em que o sublime se mistura com o ignóbil e as ideias mais elevadas, com o cotidiano mais trivial. Depois de nos mostrar um velho estranho, enigmático, que evitava gastar um níquel a mais, de colocá-lo num albergue miserável, de levá-lo aos extremos da alucinação, quando o mundo de seus sonhos doidos se torna mais real e palpável do que o cotidiano monótono e mesquinho, de mostrá-lo morto e grotesco, enquanto seus companheiros de pensão remexem no colchão em que está deitado; Dostoiévski nos dá no final uma descrição magnífica do velho no caixão. Deveria eu torná-la mais elegante, mais "francesa", menos brutal e desarticulada, se a própria desarticulação da linguagem deste final coincide com a desarticulação do mundo de Prokhártchin? Ou teria de aplicar a este conto de 1846 os procedimentos da ficção moderna? Sem sombra de dúvida, optei pela segunda alternativa, pois só assim, no meu entender, seria possível dar em português algo da maneira dostoievskiana em suas primeiras obras[10].

10. Em meu livro *Dostoiévski Prosa Poesia*, o nome de Prokhártchin está escrito sem acento e, no texto, eu desenvolvo argumentação no sentido de que ele deveria ser pronunciado com a tônica no final. Depois, conversei com vários especialistas russos, defendendo aquela opinião. Eles não me contradiziam, mas não pareciam convencidos. Após tantos anos, chego à conclusão de que deve predominar o uso corrente no país de origem e que não me cabe "ensinar o Padre-Nosso ao vigário". Por este motivo, escrevo agora: "Prokhártchin".

Post-Scriptum

Nos últimos anos, tive a satisfação de encontrar, nos estudos dostoievskianos russos, trabalhos que frisam a importância deste conto do jovem Dostoiévski. Em grande parte, eles fazem eco ao que escreveu o grande poeta simbolista Inokênti Ânienski, no começo do século xx, em seu ensaio sobre "O Senhor Prokhártchin"[11], que estava completamente esquecido (por isso mesmo, eu não o conhecia), mas foi reeditado em 1979, com grande repercussão.

---

11. *Knígui otrajênii*, p. 25-35.

13. OSWALDO GOELDI E DOSTOIÉVSKI: DISTÂNCIA E PROXIMIDADE

As *Obras Completas e Ilustradas* de Dostoiévski, publicadas pela José Olympio, em dez volumes (alguns títulos saíram antes e tiveram diversas edições), embora não fossem propriamente completas, pois aí ficaram faltando alguns textos essenciais, constituíram, sem dúvida, um passo importante para um melhor conhecimento de Dostoiévski no Brasil. As ilustrações para esses volumes, da autoria de Santa Rosa, Oswaldo Goeldi, Axel Lescoschek, Darel, Lívio Abramo, Marcelo Grassman, Danilo di Prete, Martha Pawlowna Schidrowitz, Pedro Riu e Luís Jardim, constituíram uma contribuição importante para a iconografia dostoievskiana, tanto que reproduções desses trabalhos aparecem em obras de Dostoiévski, ou sobre ele, publicadas na Rússia.

As gravuras de Oswaldo Goeldi para essa edição merecem um comentário à parte. Realmente, temos aí muito mais que ilustrações: o artista conseguiu uma verdadeira

165

tradução intersemiótica, no sentido de Jakobson, e soube expressar a ruptura que Dostoiévski representou em relação à literatura anterior.

Certas características da obra deste, que ainda viriam a ser sublinhadas pela crítica, aparecem nessas gravuras com muita clareza. Temos assim um exemplo típico de como um artista capta intuitivamente algo que o espírito crítico dos analistas vai especificar mais tarde.

Vejamos isso em pormenor: Goeldi ilustrou as seguintes obras dostoievskianas: *Memórias do Subsolo*, *O Idiota*, *Humilhados e Ofendidos* e *Recordações da Casa dos Mortos*.

É interessante observar como ele trata *Humilhados e Ofendidos*. O próprio autor escreveu sobre ela três anos depois de publicá-la, concordando com os que a acusavam de folhetinesca, mas acrescentando: "Saiu-me uma obra extravagante, porém há nela meia centena de páginas das quais me orgulho"[1]. Pois bem, Goeldi soube captar admiravelmente ambos os aspectos apontados pelo autor, embora na época talvez não conhecesse a confissão deste. Se nas ilustrações não faltam as cenas melodramáticas, tipicamente de folhetim, adquirem particular força os momentos realmente grandes do romance. Nas primeiras páginas aparece nele um velho estranho, pobremente vestido, acompanhado de um cão sarnento. Na xilogravura, aquele homem curvado, cujo vulto se recorta na luz bruxuleante de um lampião, tem algo de sinistro e fantasmagórico: parece que nosso Goeldi soube sublinhar algo muito caro a Dostoiévski.

Mas, apesar desta capacidade que ele teve de captar o mundo de Dostoiévski como um mundo de crise e paroxismo, em certos momentos há como que um pudor, uma discrição inesperada em sua leitura. Assim, perto do desfecho de *O Idiota*, ele nos mostra Míchkin e Rogójin diante de Nastássia Filípovna morta, ambos de costas, e evita representar o momento em que o príncipe acaricia o

---

1. Nota de Dostoiévski na revista *Epokha*, em 1864, reproduzida em *Pólnoie sobrânie sotchiniênii*, v. 3, p. 531.

166

assassino da mulher amada, naquele paroxismo supremo, difícil de aceitar.

Enfim, as gravuras do nosso artista, para a edição da Livraria José Olympio, constituem uma das reações importantes suscitadas pela obra de Dostoiévski. Em todas elas há uma economia de traços, um jogo que mostra as figuras recortadas com intensidade, um patético que irrompe a partir do aparentemente comum e cotidiano. Não é o fluir normal da existência, a simples realidade biográfica. Muitos críticos já apontaram para o fato de que Dostoiévski capta a psique humana em seus momentos de crise, de exaltação. E é isso que Goeldi nos dá com seu claro-escuro, no qual a cor irrompe aqui e ali como a sublinhar os paroximos, sobretudo aquele vermelho, que ele utilizou como ninguém mais, que eu saiba, é como uma explosão em meio a um mundo visto em preto e branco (isto em gravuras bem dostoievskianas, que não fazem parte dos volumes da José Olympio).

Numa introdução magnífica a uma coleção de pranchas de gravuras de Goeldi, Aníbal Machado apontou para o fato de que o artista, com seu uso do claro-escuro, criou um mundo impossível de apreender com um colorido mais variado[2].

E o interessante é que este mundo em preto e branco parece que se funde com a visão dostoievskiana. Por exemplo, não são muitas as xilogravuras que ele fez para *Memórias do Subsolo*, um dos textos cruciais de Dostoiévski, com aquela visão de um homem vivendo no encolhimento, aquela consciência torturante, o ápice da tortura pela racionalidade. Num dos pontos culminantes da novela o homem do subsolo se vê como um camundongo: "Talvez seja um camundongo de consciência hipertrofiada, mas sempre um camundongo". Esta passagem certamente prenuncia Kafka e a sua metamorfose de um homem em inseto. Aliás, o próprio "paradoxalista" de Dostoiévski, em certa passagem, se

2. *Goeldi.*

imagina transformado em inseto. Mas, no trecho em questão, a presença do camundongo se desenvolve com maior envergadura. No entanto, há também um conto bem curto de Kafka, "O Rato", sobre o qual J. Guinsburg escreveu: "Nesta fabulazinha, temos quase todos os elementos constitutivos do universo kafkiano", proposição que ele desenvolve num ensaio interessante[3].

Não se trata aqui de pesquisar influências, mas sim, apontar para o entrelaçamento dos caminhos da cultura.

E assim Goeldi, que era ligado à obra de Kafka, soube captar em Dostoiévski um de seus momentos mais nitidamente pré-kafkianos. Aliás, esse camundongo de Dostoiévski, na tradução de Goeldi, bem pode ser um rato, o que é perfeito como tradução intersemiótica, pois, no plano do imaginário, quando pensamos numa pessoa como um rato, o russo muitas vezes tem em mente um camundongo. (Digo "muitas vezes", mas, no caso do homem do subsolo, encolhido em seu canto, um russo pensaria antes de tudo num camundongo).

Vejamos agora uma passagem de Mikhail Bakhtin em *Problemas da Poética de Dostoiévski*: "*alto, baixo, escada, umbral, ante-sala, patamar,* adquirem o significado de 'pontos', onde sobrevém a '*crise*', a transformação radical, a inesperada reviravolta da sorte, onde se tomam as decisões, supera-se o limite do proibido, e a pessoa se renova ou morre"[4]. Isto saiu publicado depois da morte de Goeldi, mas justamente estes elementos do espaço dostoievskiano foram captados com muita força pelo nosso artista. Mais uma vez, a intuição do artista criador antevê o que o espírito crítico iria apontar mais tarde.

O próprio modo de encarar a relação entre arte e mundo real é muito semelhante em Goeldi e Dostoiévski, que sublinhou mais de uma vez, inclusive com análise de pinturas da época, sua condenação da busca da mera realidade

3. Kafka e o Rato, *Shalom,* n. 298.
4. A tradução deste trecho é minha, embora haja outra muito boa para o português de Paulo Bezerra.

fotográfica, como nos daguerreótipos seus contemporâneos, e a afirmação do relativismo de qualquer cópia da realidade empírica. O expressionismo alemão soube perceber muito bem esta característica da obra dostoievskiana, e aí temos certamente mais um elemento da ligação de Goeldi com o expressionismo.

Enfim, são tantas as afinidades entre Dostoiévski e Goeldi que dá vontade de perguntar "Será que a distância aproxima"?

Em tempo

Depois da primeira publicação deste trabalho, participei da banca examinadora da dissertação de mestrado de Renato Palumbo Dória, junto à Universidade de Campinas, sobre o tema: "Oswaldo Goeldi, ilustrador de Dostoiévski", em 17 de março de 1998. Certamente, a dissertação já estava em fase de digitação quando meu trabalho foi publicado.

14. *HYBRIS* DA TRADUÇÃO, *HYBRIS* DA ANÁLISE

Num trabalho publicado em *Colóquio/Letras*, Haroldo de Campos escreve, depois de dar alguns exemplos de procedimentos por ele empregados em sua tradução de alguns cantos da *Divina Comédia*: "Tudo isto o tradutor tem que transcriar, excedendo os lindes de sua língua, estranhando-lhe o léxico, recompensando a perda aqui com uma intromissão inventiva acolá, até que o desatine e desapodere aquela última *Hybris*, que é transformar o original na tradução de sua tradução"[1].

Ora, quem se entrega ao trabalho de "analisar poesia" acaba possuído por uma *hybris* não menos absorvente. Este

---

1. Luz: a Escrita Paradisíaca, *Colóquio/Letras*, n. 28, nov. 1975, p. 8. O estudo foi depois reproduzido pela revista *José*, do Rio de Janeiro, e serve de prefácio à tradução, pelo autor do ensaio, de *Seis Cantos do Paraíso*, publicada em edição de luxo pela editora Fontana, Rio de Janeiro, e depois em edição mais popular pela mesma Fontana em coedição com o Instituto Cultural Ítalo-Brasileiro.

trabalho de analista tem algo de paradoxal, é como lidar com uma tarefa que se saiba de antemão impossível. Por sua própria natureza, o texto realmente poético tem múltiplas entradas, múltiplos significados, o indefinido e às vezes indefinível faz parte de sua característica mais profunda. Reconhecer isto não significa identificar-se com a posição de Benedetto Croce, para quem a beleza de um verso era "beleza espiritual", e não poderia ser descoberta e explicada pelos elementos materiais, como, também, a natureza da poesia não seria determinada pela "fragmentação das formas", pelo estudo dos "vocábulos, metáforas, comparações, figuras, nexos sintáticos, esquemas rítmicos etc.", tarefa essa absolutamente vã, pois a "forma da poesia" seria, segundo ele, "una, indivisível e idêntica em todos os poetas, porque é a forma da beleza"[2]. Os decênios que nos separam desta formulação (a primeira edição do livro é de 1936) fazem-na ainda menos aceitável que na época, pois o trabalho pertinaz dos analistas de poesia nos desvenda características insuspeitadas na obra dos poetas, torna essa obra mais próxima de nós, mais rica e palpável. O que não nos impede de reconhecer que, a cada nova análise de um texto realmente poético, novos caminhos se descortinam e toda análise pede outras análises, como se os véus se multiplicassem ao infinito.

Tenho visto conhecedores de poesia descobrirem, já na primeira leitura, certas características sutis, outras, porém, mantêm-se encobertas por muito tempo. Passei anos na prática dessa tarefa tão vã e contraditória, e às vezes tão gratificante, de "ensinar poesia", aconteceu-me lidar com um texto durante anos seguidos, "explicá-lo" a diferentes turmas de alunos e, só mais tarde, descobrir algo absolutamente novo para mim. E, às vezes, a intuição poética de algum aluno conseguia apontar, apesar de um conhecimento insuficiente da língua do original, algo que me tinha escapado.

Um dos casos mais renitentes em minha prática neste campo foi o da epígrafe em versos ao conto "A Dama de

2. *La poesia*, p. 128.

172

Espadas" de A. S. Púschkin. Segundo me parece, a crítica não tem dado a devida importância a estas doze linhas, surpreendentes em sua ousadia, realmente inconcebíveis na época. Khlébnikov, Maiakóvski, toda a experimentação poética arrrojadíssima das décadas de 1910 e 20 na Rússia, já estão claramente prenunciados nesta epígrafe de 1828. É sem dúvida um exemplo modelar de como a sincronia nos ajuda a compreender a diacronia, pois o texto se torna mais claro e se enriquece com os elementos modernos de análise e à luz dos resultados obtidos, na base dos mesmos procedimentos, pela poesia russa moderna.

Minha aproximação do texto se deu por etapas, e a noção que tenho dele hoje é muito diferente daquela que tinha quando o relia anos atrás.

Para que isto se torne mais explícito, vejamos a epígrafe, acompanhada de uma transliteração e de uma tradução em prosa.

А в ненастные дни	1. A v nienástnie dni
Собирались они	2. Sobirális oni
Часто;	3. Tchasto;
Гнули — бог их прости! —	4. Gnúlli – Bog ikh prosti! –
От пятидесяти	5. Ot piatidiessiati
На сто,	6. Na sto,
И выигрывали,	7. I viígrivali,
И отписывали	8. I otpíssivali
Мелом.	9. Miélom.
Так, в ненастные дни,	10. Tak, v nienástnie dni,
Занимались они	11. Zanimális oni
Делом.	12. Diélom.[3]

"Mas, nos dias de mau tempo, eles se reuniam com frequência; dobravam – que Deus os perdoe! – de cinquenta a cem, e ganhavam, e marcavam as apostas a giz. Assim, em dias de mau tempo, eles se ocupavam de coisa séria."

3. *Pólnoie sobrânie sotchiniênii*, v. 6, p. 319.

Publiquei há muitos anos uma tradução de "A Dama de Espadas"[4]. Na época, a noção que eu tinha do trabalho com o texto poético deixava muito a desejar. Por isto, perpetrei a seguinte "tradução em verso":

> Nos dias de borrasca,
> Juntavam-se na tasca
> Com frequência;
> Dobravam – oh, Deus lhes perdoe bem! –
> Com tamanha eficiência,
> De cinquenta a cem,
> E, ganhas as partidas,
> Anotavam batidas
> A giz.
> Assim, em dias de borrasca,
> Todos reunidos numa tasca,
> A grave ocupação lhes vergava a cerviz.

Veja-se o último verso, um alexandrino! E aquele "vergava a cerviz"! Em termos visuais, era o mesmo que fazer aparecer por trás da imagem afro-russa de Púschkin[5] o vulto endomingado, o colarinho duro e os bigodes de Olavo Bilac ou Alberto de Oliveira! A grandiloquência final anulava o trabalho anterior, e o efeito relativamente feliz dos três versos precedentes ficava completamente inutilizado. Mas, sobretudo, perdia-se o diálogo, que há no original, entre a epígrafe e o texto do conto. O tom lúdico, farsesco, da epígrafe repercute na prosa da narrativa, acrescentando-lhe algo de moleque, é como se o narrador desse, antes de contar os fatos, uma piscadela para o leitor.

4. Em A. S. Púschkin, *O Negro de Pedro, o Grande*, p. 106-130.
5. O trisavô materno de Púschkin era filho de um príncipe africano. Comprado num mercado de escravos em Constantinopla pelo embaixador russo, fora enviado de presente a Pedro, o Grande. Teve depois carreira muito acidentada, mas tornou-se o principal engenheiro militar do exército russo. Púschkin orgulhava-se desta origem. Nos retratos que dele subsistem são evidentes os traços de mulato. O seu *O Negro de Pedro, O Grande*, uma novela inacabada, constitui versão fantasiosa deste episódio biográfico, traduzida por mim e incluída no livro: *A Dama de Espadas*.

Retomei esta epígrafe em meu livro sobre Maiakóvski[6], mas ali a preocupação com o tema central impediu um exame mais detido do texto de Púschkin, algumas de cujas características, aliás, continuavam a escapar-me.

Vejamos um pouco melhor como ele me aparece hoje, depois de relê-lo muitas vezes, sozinho ou em grupo, com alunos e colegas, e depois de ouvir tantas sugestões que nem sempre consigo lembrar com precisão o que foi apontado por mim e o que me foi sugerido.

De início, chama a atenção aquela adversativa: *A v nienástnie dni* (Mas nos dias de mau tempo). Este *A* russo poderia ser traduzido também por "E", conforme fiz no livro sobre Maiakóvski. Agora me parece, porém, que a adversativa tem papel preponderante em todo o texto, ela marca a estranheza de se iniciar (em 1828!) um período por uma adversativa. E este *A* tem relação com toda a estrutura métrica do texto. Aliás, neste caso, quanto mais estranha a tradução, mais ela corresponde ao tom do original.

Em russo, as variações de acento são correntes, havendo com frequência mudança de sentido por inflexão sonora. É o que os russos chamam de "acentuação lógica". No poema em questão, eu posso fazer a leitura de acordo com o seguinte esquema métrico:

$$\cup \cup - \cup \cup -$$
$$\cup \cup - \cup \cup -$$
$$-$$
$$\cup \cup - \cup \cup -$$
$$\cup \cup - \cup \cup -$$
$$-$$
$$\cup \cup -$$
$$\cup \cup -$$
$$-$$
$$\cup \cup - \cup \cup -$$
$$\cup \cup - \cup \cup -$$

---

6. *A Poética de Maiakóvski Através de sua Prosa*, p. 49-50.

Para fazer esta leitura, considero fraco o acento na primeira sílaba do verso, bem como outros acentos na primeira sílaba, isto é, o acento em *Gnúli* (quarto verso), *Ot* (quinto), *I* (sétimo e oitavo) e *Tak* (décimo). Ora, relendo o poema com atenção e percebendo a importância do *A* (Mas), vejo que há uma estrutura métrica, subjacente à primeira, que foi anotada de um modo um tanto artificial, pois a entonação mais imediata sugere inflexão mais ou menos forte no início das linhas. Por conseguinte, os únicos versos em que a primeira sílaba não viria acentuada seriam o segundo e o décimo-primeiro. Ora, é evidente que nas respectivas palavras há um acento secundário na primeira sílaba. Logo, além da primeira leitura métrica eu tenho uma segunda em que o metro é muito mais homogêneo:

A ênfase no *A* (Mas) inicial modificou a minha compreensão do poema, tanto no nível semântico quanto no métrico. E a estranha adversativa, que lembra as rebeldias sintáticas de Pasternak (não importa a inversão diacrônica!), continua repercutindo até o último verso. Esta interligação dos elementos semânticos e dos fônicos é muito evidente em qualquer abordagem que se faça deste poema[7].

7. A epígrafe pode induzir em erro: seria uma citação? Parte de um poema? Numa variante anterior à edição definitiva, os versos são acompanhados da anotação: "Balada Manuscrita" (*Pólnoie sobrânie...*, v. VI, p. 726).

Um dos elementos que introduzem o leitor no clima da narrativa é a gíria de jogador, que aparece na forma verbal *Gnúli*, do verso 4, que em linguagem policiada significa simplesmente "entortavam", mas, neste caso, quer dizer que as personagens do episódio dobravam as apostas (em russo literário, o verbo *gnut*, dobrar, não tem, como em português, estes dois sentidos). Ora, por trás da palavra *gnúli*, o ouvido percebe, como um eco, o substantivo *júlik* (vigarista).

"Vigarista", "dobrar as apostas", tudo isto nos leva para o tema do jogo de azar, fundamental no conto. O jogo de que se trata, no caso, é o *faraó*, o qual, segundo informação de uma edição inglesa de "A Dama de Espadas"[8], estava

No entanto, são versos de ocasião de Púschkin: ele os transcreveu em carta de 1º. de setembro de 1828 a P. A. Viázemski, como expressão do modo de vida que levara pouco antes. Nesta primeira versão, os versos estão longe da acurada elaboração que adquiriram na publicação definitiva. Já neste primeiro esboço, porém, é evidente o papel predominante, o efeito de surpresa, daquele início, por adversativa, que se liga, circularmente, com o final irônico – *Diélom* (cf. carta em *Pólnoie sobrânie...*, v. x, p. 250)

8. A. S. Púschkin, *The Queen of Spades*. Esta indicação me foi dada por Aurora Fornoni Bernardini, que me substituiu na tarefa de ensinar o texto a estudantes e me emprestou o referido livro, onde há uma descrição pormenorizada do jogo em questão. Bernardini tratou deste poema numa tese de livre-docência, *Indícios Flutuantes em Marina Tzvetáieva* (defendida em 1978 na Faculdade de Filosofia, Letras e Ciências Humanas da Universidade de São Paulo), uma aplicação dos "indícios flutuantes", de Iúri Tinianov, à poesia de Tzvetáieva, e onde se lê (p. 80): "O jogo de baralho ao qual a epígrafe se refere é o assim chamado *faraó*. O ponto culminante de seus lances consiste, como na maioria dos jogos de azar, no momento da aposta. Pois bem, desnudando-se o mecanismo do *enjambement*, verifica-se que ele remete, virtualmente, à sequência do jogo, sendo que as duas primeiras linhas de cada estrofe correspondem à preparação para os lances e o segundo membro do *enjambement* (último verso de cada estrofe) à laconicidade da primeira aposta.
Em português, sem considerar os outros (e riquíssimos) efeitos sonoros que existem no original onde, até mesmo, é possível, no jogo entre *miélom* e *diélom*, descobrir o anagrama da palavra *diêmon* (demônio), o mecanismo básico, como dissemos, da rotatividade do *faraó* pode ser notado mesmo na tradução literal".
O jogo com a palavra "demônio" surge, segundo esta sugestão da professora Aurora, como um eco remoto, aludindo a um tema fundamental em Púschkin, fazendo uma insinuação demoníaca sobre o jogo em questão e trazendo do mais um elemento de ligação entre a epígrafe e o texto do conto.

muito difundido entre a aristocracia europeia no século XVIII e início do XIX.

Nesse jogo, o banqueiro mantinha a banca, em face de um número variável de jogadores. Usavam-se dois maços de cartas, num dos quais cada um dos apostadores escolhia uma carta, colocando-a voltada para baixo, sobre a mesa. Em seguida, fazia a aposta, pondo o dinheiro em cima da carta ou escrevendo sobre ela a quantia a giz. Um dos parceiros podia também bisar a aposta, dobrando uma extremidade de sua carta, ou quadruplicá-la, dobrando uma segunda ponta. Daí certamente este significado particular de *gnut*: neste caso, quer dizer também "duplicar".

O leitor russo atual ignora geralmente estes pormenores do jogo *faraó*, que não são explicados nas edições correntes, mas o texto permite compreender aproximadamente o que acontece. E o que sobra de vago para o leitor contribui para a estranheza deste início de conto.

Em todo o poema observam-se outras ligações evidentes entre o semântico e o fônico. Os *nienástnie dni* ("dias de mau tempo"), do primeiro verso, perpassam em todo o texto, com o predomínio dos fonemas /n/, /s/, /t/; e esta situação fônico-semântica é sublinhada por um efeito ligeiramente onomatopaico. A palavra *tchasto* (frequentemente – verso 3) tem evidente relação sonora com *nienástnie* (do verso 1), mas esta palavra repercute mais intensamente no verso 6 (*Ná sto*, "para cem") e está ligeiramente repercutida no verso 5 (*Ot piatídiessiati*, de "cinquenta"). Este verso rima com o 4 de maneira completamente maiakovskiana *avant la lettre*: todo o verso é virtualmente uma réplica sonora da expressão *Bog ikh prosti!* (Que Deus os perdoe!). Os versos 7 e 8, pré-proparoxítonos, como que prolongam a acentuação proparoxítona de *nienástnie*; aliás, a acentuação mais corrente do verso 5 (*ot piatídiessiati*) é também pré-proparoxítona, mas o poeta deslocou o acento para o final da linha, a fim de rimar com *Bog ikh prosti!* do verso anterior, o que em russo nem chega a constituir uma licença poética, conservando-se no texto, praticamente, ambas as leituras, e isto contribui para a sua mobilidade rítmica extrema. E, no caso da leitura com a tônica usual, este verso fica repercutido no 8. O verso 9 (*Miélom*), cujo *o* se lê praticamente como *a*, como que prepara sonoramente a repetição da palavra *nienástnie*, que ainda tem um eco ligeiro em *Zanimális* ("ocupavam-se" – verso 11) e *Diélom* ("de coisa séria" – verso 12), onde *o* também se lê quase como *a*. A alternância dos versos compridos e curtos não era inusitada na poesia russa da época. Mesmo assim, neste poema, a passagem é muito brusca, o que sublinha a estranheza e ironia da elocução: os jogadores ocupavam-se de "coisa séria"[9].

Os paralelismos e anáforas, aliados ao *enjambement* apontado por Aurora Fornoni Bernardini, e já citado há pouco, contribuem para o entretecer dos elementos do poema e fixam a ligação entre o fônico, o semântico e o sintático[10]. Graças ao *enjambement*, passa a haver fluidez e entrelaçamento simultaneamente, um exemplo típico da "tensão dialética" de que trata Jakobson.

Para comprovar o entrelaçamento, comparem-se os versos 1 e 10, 2 e 11 (neste caso, os dois verbos em paralelismo têm o mesmo número de sílabas e rimam entre si) e 7 e 8 (paralelismo dos verbos, análogo ao anterior, e ainda reforçado pela anáfora – há no caso um jogo entre o *i* com

---

9. Neste parágrafo repeti quase literalmente o que escrevi em *A Poética de Maiakóvski*, p. 49-50.

10. Ao elaborar este trabalho, eu ainda não conhecia o estudo de Iúri Lotman sobre a novela de Púschkin, cuja epígrafe procurei esmiuçar: "A dama de espadas e o tema das cartas e do carteado na literatura russa do começo do século xix" ("P'ikovaia dama" i tiema kart i kártotchnoigri v rúskoi litiratúrie natchala xix vieka). Ele foi publicado nos anais da Universidade de Tártu, Estônia, em 1975, número 365, com tiragem limitada. Nos últimos anos apareceu em diferentes publicações, e eu pude lê-lo no alentado volume dedicado aos trabalhos de Lotman sobre Púschkin, e que faz parte de suas *Obras Reunidas* (publicado em 1998, p. 786-813 pela editora Iskusstvo, [Arte] de São Petersburgo). É impossível precisar o número do volume, pois eles não estão numerados, diferençando-se unicamente pela cor.

Há uma boa tradução desse trabalho de Iúri Lotman para o português, realizado por Helena Spríndys Nazário e publicada no volume 1 do *Caderno de Literatura e Cultura Russa*, do Curso de Russo da usp, em março de 2004, p. 85-121.

179

pronúncia da letra latina *e* e *i* gutural, representado por *y* segundo a Notação Fonética Internacional; respeitando-se esta última norma, a transliteração destes versos passa a ser: *I vyígryvali, / I otpíssyvali*).

A rima externa (a a b a a b c c d a a d), de disposição inusitada, passa a constituir mais um elemento de reiteração e paralelismo, contribuindo para a solidez de estruturação do poema, sendo ao mesmo tempo outro elemento de mobilidade e contribuindo para o efeito de surpresa.

Depois de tudo isto, com o seu apelo lúdico e de fantasia, com as suas sugestões brincalhonas, que se ligam diretamente ao texto em prosa, a epígrafe se torna um elemento indispensável para a compreensão do próprio conto. E, para traduzi-la bem, seria indispensável que a *hybris* da tradução estivesse intimamente associada à *hybris* da análise.

Concluído este trabalho, fi-lo chegar às mãos de Haroldo de Campos, que efetuou então a versão seguinte:

> Mas,
> tardes de borrasca –
> todos à tasca!
>
> Trucavam: cem mais cem!
> Que Deus no além
> lhes perdoe (Amém!)
>
> Apostas, riscos, bis!
> Quem ganha faz um x
> com giz.
>
> Tardes de borrasca.
> Encargos graves
> na tasca.

Observações do tradutor em relação a aspectos do original realçados por B. Schnaiderman:

1. Ritmo e métrica (*"tom lúdico, farsesco"; "diálogo epígrafe/ texto em prosa"*): Usei um recorte rítmico de versos curtos. Os de

180

maior medida são hexassilábicos; o de menor, um monossílabo (*"Mas"*), preserva o *"ex-abrupto"* da adversativa (salientado por B. Schnaiderman no original russo). O efeito, em português, dessa minimização métrica (aliada a certas escolhas lexicais e à elipse na sintaxe) evoca as vinhetas sousandradinas de *O Inferno de Wall Street*. A irregularidade no metro procura, ainda, responder à flexibilidade prosódica da "entonação" russa, apontada por B.S. O *"Mas"* repercutindo nas rimas em – *ASca*, chega até o último verso da estrofe terminal, anagramatizado em *NA tASca*, com o fonema nasal /m/ comutado por /n/.

2. *Gnúli*: *"Trucar"*, em port.: propor a primeira parada no jogo do truque e também enganar com declarações mentirosas, *"blefar"* (júlik = vigarista). A acepção peculiar de *"dobrar"* a aposta fica preservada elipticamente em: *"(seus) cem mais (outros) cem!"* (verso 4). Recorre ainda em *"bis!"* (verso 7); no mesmo verso, *"riscos"* tem junção bissêmica, valendo tanto para os *"azares do jogo"* como para as *"marcas de giz"* do comentário de B.S.

3. Rimas: Não segui a termo o original, mas organizei um esquema bufo, *"lúdico"*, de rimas e quase-rimas (*MAS/ borRASCA/ tASCA*; note-se que o *"achado"* deste último par de rimas já estava na proposta inicial de B. S.). Na última estrofe, arrevesei o modelo, fazendo rimas em cruz, que interligam segmentos frásicos (versos 10-11): *tARdES/ gRAvES + boRRASCA/ enCARGoS* (notar que /t/ /d/ e /k/ /g/ são fonemas coliterantes). B. S. reconhece uma rima "virtual", maiakovskiana (rima sintagmática, poder-sei-ia dizer), interligando os versos 4-5 do original.

4. *Zanimális: "Ocupavam-se"*: A acepção da forma verbal tendo sido absorvida semanticamente na tradução pelo substantivo *"encargos"*, reintroduzi o sintagma *"na tasca"* no último verso, em refrão, para fechar a estrofe com um brusco metro curto (dissilábico), à maneira do original (na linha da observação de B.S. quanto ao efeito de estranhamento desse recurso métrico no verso conclusivo do poema). A última estrofe responde à primeira, em contraponto sintático. Mantive o matiz irônico de *diélom*, traduzindo o vocábulo pela expressão *"encargos graves"* (estilema da linguagem protocolar, burocrática).

5. Som e sentido: Procurei desenvolver um trabalho fônico de sustentação semântica (para além das rimas propriamente ditas), onde cabia, no interior do poema. Notar que a tradução *"mima"* o texto russo, estabelece com ele uma intersemiose no plano acústico, quando recupera uma saliente figura fônica do original, evidenciada pela análise – *NST – nieNÁSTNie/ tchASTA/piatídieSSiATi/*

NA STA (o *"o"* final átono soa como /a/ na pronúncia corrente), e a projeta em posição de rima na 1ª e na última estrofes (como frisei, o *"achado"* rímico do par *"borrasca/tasca"* já estava na primeira tradução de B. S.; acrescentei ao esquema um reforço: *TArdeS* (em lugar de *"dias"* – no original, *v dni*).

Haroldo de Campos

15. DANTE E A RÚSSIA

O estudo seguinte serviu de base à minha participação na série de conferências promovidas pelo Prof. Ítalo Bettarello, em 1965, na Faculdade de Filosofia, Ciências e Letras da Universidade de São Paulo, em comemoração do Sétimo Centenário do nascimento de Dante.

Diversos trabalhos importantes no campo abordado por mim foram publicados após a palestra e, por isso, não puderam ser citados na ocasião. Destacam-se entre eles: as monografias incluídas na coletânea *Dante i vsiermírnaia litieratura* (Dante e a Literatura Mundial), Moscou: editora Naúka, da Academia de Ciências da URSS, 1967, e *Razgovor o Dante* (Conversa sobre Dante), de Óssip Mandelstam, no volume 2 das *Obras Reunidas* deste grande poeta russo, Nova York: Inter-Language Literary Associates, 1966.

Um contato, mesmo sumário, com a cultura russa indica traços profundos da obra de Dante.

Em primeiro lugar, ele deve ter impressionado frequentemente os russos pelo contraste entre sua obra e o clichê que se consagrou sobre a Itália em geral. "Feliz", "dourada", "bela", eis como ela é evocada nos versos de Púschkin. "País do loureiro e dos ciprestes", "Itália ensolarada", são expressões comuns na literatura russa do século XIX. Há como que nostalgia de sol, de ciprestes, de luz, em muitos escritores russos. Por exemplo, no conto *A Avenida Niévski*, Gógol fala com tristeza dos pintores russos, gente "boa, quieta, encabulada", cujo talento, muitas vezes autêntico, não se desenvolve plenamente porque lhes falta o sopro dos "frescos ares da Itália". Aparece assim, transfigurada, uma Itália mítica, um país de sonho, imagem que não se coaduna com as visões dantescas. "O Severo Dante", escreveu Púschkin. E a simples existência do florentino evoca a falácia do velho mito e traz à lembrança uma Itália mais complexa e rica, um país cuja personalidade histórica e social não pode ficar apagada por meras alusões paisagísticas. E quantas vezes uma visão dantesca do mundo estava muito mais próxima das concepções dos escritores russos que a imagem de uma Itália idílica e feliz!

A própria tradição cultural russa predispõe a uma compreensão de Dante. O apócrifo "Andança da Mãe de Deus pelos Tormentos"[1], poemeto do século XII, tradução de um texto bizantino, teve grande divulgação e chegou a marcar consideravelmente a antiga literatura russa. Nesse poemeto a Mãe de Deus, guiada pelo Arcanjo Miguel, desce aos infernos, onde se comove com os sofrimentos dos pecadores. A meu ver, o que importa no caso não é a semelhança de tema, e que aparece atribuída, na *História da Literatura Russa* dirigida por D. D. Blagói[2], a uma origem comum: ambas as obras se teriam inspirado no apócrifo "Confissão de Paulo, o Apóstolo". Na realidade, esta questão das fontes é bem mais complexa. O importante é a semelhança de tom,

1. "Khojdiênie Bogoróditzi po múkam", em N. K. Güdzi, *Khriestomátia po driévniei rúskoi litieratúrie.*
2. *Istória rúskoi litieratúri*, v. 1, p. 34.

184

o caráter "dantesco", ou melhor, "pré-dantesco", do poemeto russo, a sua extraordinária força poética, embora esteja longe da grandiosidade de concepção e estrutura da *Divina Comédia*. Aliás, essa força poética foi sublinhada particularmente por Dostoiévski, em *Os Irmãos Karamázov*, no parágrafo inicial do famoso capítulo "O Grande Inquisidor"[3].

A problemática do bem e do mal, do crime e do castigo, do pecador e do justo, da redenção e da queda, como tudo isto é russo e como tudo isto aproxima os russos de Dante!

Todavia, não obstante esta proximidade, é somente no século XVIII que aparecem na Rússia alusões à obra de Dante. Segundo I. N. Golenischev-Kutuzov[4], a primeira referência surge num artigo de S. T. Domáschniev, em 1762, e a primeira tradução (em prosa), através do francês, em 1798: o episódio de Matilde, do Canto XXVIII do "Purgatório". O tradutor anônimo acrescentava ao seu trabalho uma nota sucinta e bastante ingênua sobre Dante e sua época. O poeta, dramaturgo e crítico P. A. Katiênin (1792-1853) foi o primeiro a traduzir Dante em verso para o russo: os primeiros três cantos do "Inferno" e o episódio de Ugolino. Seu trabalho foi definido por Púschkin como "uma tradução de mestre"[5]. Conservando a forma do original, Katiênin combinou em russo o léxico popular e o arcaico[6]. Segundo assinala Nina Iélina, ele traduziu os três cantos após a derrota da rebelião ocorrida em dezembro de 1825, quando, "caído em desgraça", vivia confinado na propriedade rural paterna.

Katiênin conservou até o fim de seus dias um espírito rebelde e não renunciou às suas convicções, mas o trágico resultado da insurreição dos dezembristas[7] o encheu de amargura. Os primeiros cantos

3. *Brátia Karamázovi*, v. 1 (Livro v, Capítulo v).
4. Dante v soviétskoi cultúrie, *Izviéstia Acadiêmi Naúk S. S. S. R., Iazik i Litieratura*, v. 246 (2), março-abril, 1965.
5. Sotchiniênia i pirievódi v stikhákh Pavla Katiênia, em *Pólnoie sobrânie sotchiniênii*, v. 7, p. 267.
6. N. Iélina, Dante en las Traducciones Rusas, *Literatura Soviética*, jul. 1965, p. 166.
7. Termo com que os russos designam os revoltosos de dezembro de 1825, quando ocorreu a primeira rebelião contra a autocracia na Rússia.

do Inferno, onde se reflete em forma simbólica a crise espiritual e se manifesta, quiçá com maior força que nos cantos seguintes, a ansiedade do grande poeta italiano, eram, segundo parece, aqueles com que mais se identificava Katiênin. É interessante sua tradução da passagem do Terceiro Canto em que Dante se encontra com os indiferentes. Na tradução dessas estrofes, além de se ouvirem os gemidos dos pecadores, as personagens principais do poema, percebem-se as amargas meditações do poeta russo sobre seus contemporâneos. Palpita na tradução uma dor interior que não existe no original. Onde Dante diz: "Estas almas não têm esperança de morrer, e sua lúgubre vida é tão miserável que invejam a sorte de qualquer dos demais"[8], Katiênin assinala que os pobres de espírito se abandonaram ao desespero, porque os atormenta a lembrança da vida desonrosa que levaram. Nesse terceto manifestou-se, com clareza palmar, uma vergonha íntima que, sem dúvida, torturava a muitos contemporâneos dezembristas[9].

Essa transplantação de Dante para as condições específicas russas, essa fusão de uma tragédia política nacional e a da grande tragédia dantesca, não serão mais uma das manifestações da vivência internacional do poema?

A relação entre Púschkin e Dante já foi sublinhada mais de uma vez por historiadores da literatura, e realmente o paralelo se impõe[10]. Sem dúvida, Púschkin desempenhou na literatura russa papel semelhante ao de Dante na italiana: o do gênio que dá corpo a uma verdadeira revolução na língua literária. Se o italiano da Toscana se tornou, depois de Dante, bem mais aceitável para todos os italianos como a língua literária do país, em lugar do latim, o russo, embora já tivesse o seu uso consagrado na época de Púschkin e houvesse suplantado plenamente o eslavo eclesiástico, como língua literária, transformou-se, com a obra do poeta e de seus companheiros de geração, numa língua muito mais plástica e maleável, um instrumento bem mais

8. A autora refere-se a "Inferno" III, 46-48: "Questi non hanno speranza di morte / E la lor cieca vita è tanto bassa, / Che indiviosi son d'ogni altra sorte".

9. Op. cit., p. 166.

10. Ver, por exemplo, E. Lo Gatto, *Historia de la Literatura Rusa*.

186

consentâneo com o surgimento de uma grande literatura moderna.

Aliás, há indícios de que o poeta russo estaria realmente imbuído da obra de Dante. Pela relação dos livros de sua biblioteca[11], constatou-se que ele possuía quatro edições de Dante. Aliás, segundo mostrou Iúri Vierkhóvski, Púschkin tinha um conhecimento apreciável do italiano, que ele aprendeu durante sua estada em Odessa[12].

Em 1830, Púschkin publicou um poema em decassílabos, sobre seus anos escolares, e que é uma aplicação da *terza rima* em russo[13]. Em 1823, escreveu duas paráfrases de passagens do "Inferno", também em *terza rima*, porém em alexandrinos[14]. O crítico V. G. Bielínski afirmou que essas paráfrases transmitiam melhor o espírito da obra que todas as traduções russas até então aparecidas[15]. Púschkin referiu-se mais de uma vez a Dante em escritos críticos. Seus sonetos de 1830, "Madona" e "O Severo Dante não Desdenhou o Soneto" (este, verdadeira exaltação do gênero), são outras tantas reminiscências sobre a obra do florentino[16].

V. F. Chischmarióv divulgou dados sobre Giuseppe Ribini, que lecionou em Moscou no início do século XIX e foi um dos primeiros italianos a divulgar em seu país a história e a literatura russas. Estabelecido na Rússia desde 1824, editou em 1838, em italiano, o "Inferno", baseado no texto da Accademia della Crusca, para uso dos estudantes da Universidade de Moscou[17].

As leituras da *Divina Comédia* parecem ter resultado para Nicolai V. Gógol em verdadeira obsessão. Em suas

11. Em *Púschkin i ievó sovriemiêniki*, apud I. N. Golenischev-Kutuzóv, op. cit.
12. I. Vierkhóvski, *Púschkin i italiânski iazik,* apud I. N. Golenischev--Kutuzóv, op. cit.
13. Op. cit., v. III, p. 201-202.
14. Idem, p. 233-234.
15. Sotchiniênia Aleksandra Púschkina, em *Ízbranie sotchiniênia.*
16. Op. cit., v. III, 175 e 166, respectivamente.
17. Em *Púschkin i ievó sovriemiêniki*. Ver também A. Cronia, *La Conoscenza del mondo slavo in Itália*, Padova, 1958 apud I. N. Golenischev--Kutuzov, op. cit.

reminiscências literárias, P. V. Ãnienkov relata que, durante a estada em Roma, o autor de "O Capote" relia constantemente as passagens prediletas do poema[18]. Ademais, é bem conhecido o fato de que, assustado com o caráter sombrio do primeiro volume de *Almas Mortas*, e pretendendo imprimir à obra um sentido que não se chocasse com a formação tradicionalista do autor, com o seu respeito ao estado de coisas constituído e à "Santa Rússia", Gógol pretendia seguir, no conjunto, um esquema semelhante ao da *Divina Comédia*: o primeiro volume seria o "Inferno", o segundo, o "Purgatório", e o terceiro, o "Paraíso", devendo a obra ressaltar o caráter positivo da vida patriarcal russa. O esquema visaria justificar o quadro sinistro apresentado no primeiro volume. Se este plano tão artificial fracassou, nem por isso deixa de mostrar a profunda impregnação de Gógol pela obra de Dante.

Depois de Gógol, ela continuou a exercer fascínio sobre muitos autores russos. Assim, numa carta a A. I. Herzen, em 4 de julho de 1846, Bielínski relata que teve de abandonar a leitura de Dante por ordem do médico, pois, apenas a iniciava, sobrevinham-lhe hemoptises.

O próprio Herzen estava profundamente imbuído da obra de Dante e citava-a com frequência, inclusive para estabelecer comparações. Em seu estudo "Uma Nova Fase da Literatura Russa"[19], compara Dostoiévski a Dante, paralelo que se tornaria quase lugar-comum da crítica. Convém lembrar, neste sentido, a importância que Dostoiévski atribuía ao castigo, à expiação da culpa, concepção que deixou expressa em seus romances, sobretudo *Crime e Castigo* e *Os Irmãos Karamázov*, e que afirmou do modo mais explícito no *Diário de um Escritor*. E as visões sinistras das *Recordações da Casa dos Mortos* não estão realmente próximas

18. O escritor P. V. Ãnienkov (1813-1887) conviveu com Gógol em Roma. Este lhe ditou o primeiro volume das *Almas Mortas*. Ãnienkov, que é conhecido principalmente pelas suas memórias, relatou este episódio em *Gogol v Rímie liétom 1841 goda*.

19. Nóvaia fasa rúskoi litieratúri, em *Sobrânie sotchiniênii*.

das cenas mais cruéis do "Inferno"? Segundo Iúri Olecha, Dostoiévski chegou a confessar que a cena fundamental de *O Idiota*, em que Nastássia Filípovna atira à lareira um maço de dinheiro, para que seu pretendente o vá buscar, lhe fora inspirada nas andanças de Dante pelos círculos do Inferno[20]. Tem-se assim um exemplo muito curioso de impressão de leitura transposta simbolicamente, em forma de episódio de romance, em função de uma estrutura completamente diversa da obra que serviu de fonte inspiradora. As chamas que consumiam os cem mil rublos, a tortura íntima do ambicioso Gânia, o orgulho de Nastássia Filípovna, a rudeza e sensualidade de Rogójin – tudo isto só pode ser uma transposição muito simbólica das cenas da *Comédia*.

O Sexto Centenário do Nascimento de Dante, em 1865, teve grande repercussão nos meios culturais russos. Na época, a influência dantesca aparecia frequentemente em poesia, podendo-se citar, entre as obras mais importantes no gênero, "O Dragão", de A. C. Tolstói, longo poema narrativo, escrito em 1875. Os trabalhos do filólogo e historiador da literatura A. N. Viessielóvski sobre Dante, principalmente em "Boccaccio, Seu Meio e Seus Contemporâneos", 1893--1894, chegaram a ter certa repercussão na Itália[21].

Em que medida, porém, os intelectuais russos do século XIX estavam familiarizados com Dante? Não era muito difundido o conhecimento do italiano[22], mas utilizavam-se bastante as traduções francesas da *Divina Comédia*. Quanto às traduções russas, depois da tentativa de Katiênin, apareceram diversos outros trabalhos. M. Kovalévski escrevia a respeito deles, em 1921, que "nenhum corresponde às atuais elevadas exigências"[23]. Segundo Golenischev-Kutuzov, A. Norov (1823-1875) reproduziu o estilo de Dante melhor

---

20. *Ni dniá biez strótchki*, p. 216.

21. Cf. N. K. Güdzi; V. I. Güssiev, Aleksandr Nicoláievitch Viessielóvski, em *Krátkaia Litieratúrnaia Entziklopiédia*, v. 1, p. 942.

22. Em diversas obras, E. Lo Gatto atribui, no entanto, grande importância às leituras italianas da *intieliguêntzia* russa da época.

23. Apud, I. N. Golenischev-Kutuzov, op. cit.

189

que outros tradutores cujas obras tiveram ampla aceitação, mas de seus trabalhos subsistem apenas fragmentos de uma tradução do "Inferno", em alexandrinos.

A primeira versão do "Inferno", ainda em prosa, deve-se a F. Fan-Dim, e foi publicada em 1842, numa edição bilíngue. D. Min trabalhou mais de quarenta anos numa tradução poética da *Comédia*, concluída pouco antes de sua morte (1885), mas publicada somente em 1907.

Os simbolistas russos, tão preocupados com o misticismo medieval, com a musicalidade, com a relação entre a imagem e o som, e por vezes tão imbuídos do espírito trágico dos anos que precederam a Revolução Russa, não podiam deixar de se voltar para a obra de Dante, como realmente aconteceu. Valéri Briússov traduziu o primeiro canto do "Inferno", trabalho apreciado pela crítica[24].

O grande poeta Aleksandr Blok, certamente a figura máxima do simbolismo russo, não chegou a traduzir Dante, mas o espírito dantesco perpassa sua obra, sobretudo nos anos sombrios que se seguiram ao fracasso da Revolução de 1905. O nome de Dante aparece então mais de uma vez em seus versos. Em 1909, escreveu o "Cântico do Inferno", em tercetos, uma estranha paráfrase da obra dantesca[25]. Golenischev-Kutuzov refere-se a uma tradução inacabada do "Purgatório" e do "Paraíso", da autoria de Viatchesláv Ivanov, e cujo manuscrito se conserva atualmente em Roma; conforme relata, ele teve ocasião de ouvir a leitura de um dos cantos do "Paraíso" (pelo próprio poeta), "traduzido com a solenidade característica do mestre do simbolismo russo, a par do toque arcaico e da intensidade poética"[26].

Dmítri Mieriejkóvski publicou em 1937 um livro sobre Dante.

As visões sinistras dos anos de guerra e de revolução pareciam aproximar os russos do florentino. Por exemplo, em 1918, em Samara, M. I. Liveróvskaia publicou uma

---

24. Idem.
25. Piesn ada, *Sotchniênia*, p.167-168.
26. I. N. Golenischev-Kutuzov, op. cit.

190

tradução de *Vita Nuova* (a segunda em russo), impressa na tipografia do Estado-Maior do Quarto Exército, então em luta contra os "brancos". Num preâmbulo, a tradutora refere-se às dificuldades de seu trabalho, efetuado num país em convulsão e sem fontes de referência[27].

Em 1921, comemorou-se solenemente na Rússia o Sexto Centenário da Morte de Dante. Dentre as principais festividades, pode-se citar um concerto solene da Filarmônica de Petrogrado, sob a regência do compositor A. C. Glazunóv, constando apenas peças musicais inspiradas na obra de Dante. Na mesma ocasião, a Filarmônica editou um livro dedicado ao Centenário[28]. Nesse livro há um estudo do compositor e musicólogo B. V. Assáfiev, com o pseudônimo de Ígor Glebov: "Dante e a Música".

No início de seu trabalho, Assáfiev examina os fundamentos musicais do poema, que impressionam o leitor com a agudez de seus contrastes trágicos. Escreve:

> No canto Sexto, Cérbero nos traspassa o ouvido: ele rosna, late, uiva, ruge; no Sétimo, Plutão rouqueja e vociferam os avarentos e os perdulários divididos em duas multidões; no Oitavo, há o grito terrível dos demônios, reunidos sobre o portal da cidade infernal de Dite, cujas torres estão aquecidas ao rubro com o fogo subterrâneo.

O compositor interpreta o "Purgatório", em sua parte final, como verdadeira marcha-oratório. O "Paraíso" é, segundo ele, uma grande sinfonia de luz, de som, de cor, de estrelas, uma das alturas inatingíveis a que se ergueu a razão humana. Assáfiev afirma que Scartazzini indicou com justeza o importante papel da matemática e da astronomia na elaboração da *Divina Comédia*, mas acrescenta que é preciso dar a devida importância também à música, pois ela igualmente entra como elemento constituinte essencial na grandiosa construção da *Divina Comédia*.

27. Idem.
28. Idem.

Na segunda parte de seu estudo, Assáfiev analisa as obras musicais inspiradas pelo poema, a começar por Vicenzo Gallilei, pai do grande físico. Há uma análise minuciosa da sinfonia de Liszt, bem como de obras de compositores russos. Segundo afirma o musicólogo, Tchaikóvski segue um caminho completamente diverso do trilhado por Liszt: ele é menos solene e não está ligado, como era o caso do húngaro, ao pomposo da missa barroca. Tchaikóvski estava fascinado pela clareza de Dante, pelo incisivo e sutileza de suas descrições. A seguir Assáfiev passa à análise da ópera de Rakhmâninov, *Francesa da Rimini*. A música de Rakhmâninov é teatral e decorativa, mas por trás desse decorativo percebe-se o trágico: sons de inferno irrompem na harmonia da obra.

Ainda em 1921, o pensador e cientista P. A. Florênski expressou a opinião de que, segundo a concepção de Dante, o Universo baseia-se numa Geometria não-euclideana[29]. No "Purgatório" e no "Paraíso", o poeta refere-se mais de uma vez a movimentos mais velozes que a luz. Nessas velocidades, afirma Florênski, a aplicação formal da equação que expressa a massa do corpo em movimento imprime a esta um significado fictício. O cientista propõe que se interprete o fato como transmutação da matéria. No poema, a condição de um movimento de velocidade infinita desempenha papel análogo ao da nossa imobilidade. A massa do corpo desaparece e, ao mesmo tempo, existe em todos os pontos do espaço. A luz parece ser o único fenômeno pertencente a "ambos os mundos". É por este motivo que Dante compara a um relâmpago o seu vôo do Paraíso terrestre para as esferas celestes. Segundo Golenischev-Kutuzov, a tentativa do pensador russo de interpretar Dante com o auxílio das teorias modernas do imaginário e da relatividade lembra um estudo ulterior do cientista italiano M. Luccio[30].

---

29. *Mnímosti v gueomiétrii*, apud I. N. Golenischev-Kutuzov, op. cit.
30. Teorie cosmogoniche e poesia nell'opera di Dante, *Scientia*, t. 95, n. 10, 1960, p. 308, apud I. N. Golenischev-Kutuzov, op. cit.

Nas décadas de 1920 e 30, saíram na Rússia diversos trabalhos sobre a época de Dante. A própria personalidade do poeta suscitou viva polêmica. M. Fritsche publicou na revista *Tvórtchestvo* (Criação), nos números quatro e seis, de 1921, um artigo sobre Dante em que este era apresentado como "apologista da classe nobre e da cultura cavalheiresca" e "um imperialista no sentido medieval do termo". Golenischev-Kutuzov ataca esta concepção de Fritsche, definindo-a como verdadeira manifestação de "sociologismo vulgar"[31]. Entre os que saíram em campo, contra a tese de Fritsche, destacou-se A. V. Lunatchárski. Em seu estudo "A Literatura do Renascimento", ele critica, inclusive, a asserção de Fritsche de que o florentino teria sido "o maior poeta da Idade Média", pois seria mais correto incluí-lo entre os homens do Renascimento[32].

Lunatchárski frisa que, embora Dante não pertencesse à burguesia, ficara imbuído da ideologia dos habitantes da cidade. Por isto, defendeu o estado monárquico: a burguesia necessitava de ordem e de um governo forte. Parece interessante acompanhar a argumentação desse teórico marxista, que, procurando mostrar a relação de Dante com os fatos históricos imediatos, ao mesmo tempo não perde de vista a importância de seu poema, que transcende o momento histórico, nem diminui o alcance da profunda visão poética e humana de Dante, e chega a afirmar que ninguém antes ou depois dele criou obra tão harmoniosa.

Ele escreve:

Dante expressou as mesmas ideias que os ideólogos do absolutismo nos séculos XVI e XVII, porém muito antes deles, e foi muito mais longe. Os mercantilistas, por exemplo, já se baseavam exclusivamente numa França, numa Espanha e numa Inglaterra reais, mas ele considerava ainda possível estabelecer a monarquia única para toda a Europa. O Império medieval e as recordações do imperador romano ainda não se tinham de todo esvaído. Dante ainda

31. Op. cit.
32. Litieratura epókhi Vozrojdiênia, *Stat'i o litieratúrie.*

acreditava que o Sacro Império Romano Germânico pudesse ser restaurado, talvez entre fronteiras muito mais dilatadas. Como estão vendo, uma utopia. Mas isto constitui apenas uma das faces de sua concepção do mundo, a outra face é a relação de Dante com a Igreja.

Segundo Lunatchárski, o poeta tinha consciência de que a sua monarquia, onde o Estado permitiria o livre desenvolvimento de cada personalidade, não se coadunava com a Igreja Medieval.

Dante procura demonstrar de todas as maneiras que uma coisa é a vida terrena e a outra, a virtude eterna e o destino da alma depois da morte. Mas ele vacila nesta sua convicção e descreve sua própria vida, por exemplo, na *Vita nuova*, dizendo que, ainda criança, amou Beatriz, a religião, a virtude, e depois, quando Beatriz morreu, deixou-se entusiasmar por outra mulher, que encarnava a Filosofia, a ciência do mundo. No *Convivio*, especificou isto melhor. Já um tanto entrado em anos, Dante casou-se com certa Donna Ginna, com quem teve quatro filhos. E já mais perto do fim, escrevendo a *Divina Comédia*, voltou a seu antigo amor, mas não a uma mulher real, e sim à Beatriz defunta, que para ele estava eternamente viva, à alma de Beatriz, que ele identificava com a sabedoria e a virtude.

Eis como se define, em traços gerais, o vulto político e cultural de Dante. Em meio às profundas divergências da burguesia, foi o primeiro a criar (sobretudo em seu tratado *De Monarchia*) um ideal autenticamente burguês; ainda não era a república burguesa, mas sim a "monarquia esclarecida", representada com traços utópicos. Todavia, o próprio Dante ainda era homem demasiadamente medieval, e toda a burguesia, ainda, avançara pouco além das fronteiras da concepção básica do mundo cristão da época, e por isso, após sofridas vacilações, ele concordou que realmente seria bom estabelecer no mundo uma sólida ordem política, mas que, apesar de tudo, o mais importante era cuidar da alma imorredoura. Embora a igreja católica não devesse intrometer-se nos negócios profanos, a obra de que ela cuidava era mais importante.

Lunatchárski salienta que Dante povoou o inferno, sobretudo, de criminosos políticos. E entre as exceções destaca a de Francesca da Rimini, episódio que ele interpreta com uma curiosa aliança de método marxista e influência psicanalítica, o que, aliás, não causava espécie na década de 1920. Eis como se refere à personagem dantesca:

Ela não é uma criminosa política: foi parar no inferno por ter atraiçoado o marido com o irmão deste, Paolo, sendo assassinada pelo primeiro.
Vemos aqui as vacilações que sofre o espírito católico de Dante. Como encarar o fato? Um amor dessa espécie constitui a manifestação mais elevada do arbítrio pessoal e um despertar da personalidade, que declara: eu não só cometo esse ato, mas também não o considero pecado, tenho direito a isto! A Igreja católica nega semelhante direito, razão pela qual Francesca está no Inferno. Mas ela voa num turbilhão de chamas, que a queimam e torturam, em companhia de Paolo. Eles são inseparáveis, sofrem abraçados, e no fato de estarem juntos encontram consolação...
Mais ainda: Francesca narra a Dante a sua história de modo tão comovente que o poeta, impressionado, cai sem sentidos. Quer dizer que nele está vivo um protesto semi-inconsciente, no íntimo ele concorda com Francesca. Como homem novo, ele compreende que os movimentos do próprio coração, do próprio pensamento, merecem respeito. Mas, ao mesmo tempo, não ousa conduzir Francesca para fora do Inferno, ainda que fosse para colocá-la no Purgatório, onde ele introduz verdadeiras multidões de criminosos menores.

Entre os estudos publicados na época, destaca-se, igualmente, uma análise da *Divina Comédia* por L. I. Pínski, que assinala particularmente o "realismo plebeu" de Dante e destaca o vigor expressivo das cenas do "Inferno", que Hegel definira como "a grandeza repulsiva de Dante"[33].
Na década de 1930, cresce na Rússia o interesse pelo florentino. Na autobiografia *Okhránaia grámota* (Salvo--Conduto), de 1931, Boris Pasternak refere-se às suas tentativas de ler Dante no original[34]. Ana Akhmátova escreveu em 1936 um belo poema em que Dante é exaltado como o inflexível, o implacável, aquele que jamais se penitenciou pelos seus atos e jamais perdoou a sua Florença, lembrando--se dela até nas profundezas do Inferno, para enviar-lhe de

33. Apud I. N. Golenischev-Kutuzov, op. cit.
34. Em *Opálnie póviesti*, p. 125.

lá a maldição, e no próprio Paraíso, sem por isto se tornar mais cordato[35].

No entanto, para uma real compreensão de Dante no meio russo, tornava-se indispensável nova tradução da *Divina Comédia*. Em 1932, assumindo a direção da editora Acadiêmia, Máximo Górki empenhou-se particularmente em que fosse levada a cabo essa tarefa, mas a nova tradução apareceria somente após a morte do escritor.

Em fins da década de 1930, M. L. Lozínski empreendeu a tradução poética da *Divina Comédia*, trabalho que se consagraria como uma das realizações russas mais importantes no setor da tradução em versos[36]. O "Inferno", em russo, saiu publicado em 1939; o "Purgatório", em 1944 e o "Paraíso", em 1945.

Lozínski fizera parte da escola acmeísta, que procurara, na década de 1910, numa reação ao simbolismo, instaurar uma poesia que se caracterizasse pelo caráter incisivo, pela clareza e lógica, e estivesse ligada à tradição literária. Antes de empreender a tradução da *Comédia*, já se dedicara intensamente a traduções em prosa e verso de autores ocidentais. Segundo informações divulgadas no Ocidente, esteve desterrado na década de 1930, por razões políticas[37]. Dedicou-se durante mais de dez anos à tradução do poema, chegando, de acordo com suas próprias palavras, a "pensar em tercetos".

Segundo frisa E. G. Etkind num estudo, o melhor tradutor russo de Dante do Século xix, D. Min, domina a linguagem poética "como que num único nível", enquanto o estilo de Lozínski é "multiforme, refletindo a variedade léxica do próprio Dante"[38]. Observe-se que M. L. Lozínski parece perfeitamente identificado com a tendência dominante entre os tradutores russos de poesia, que procuram

---

35. A. Akhmátova, *Stikhotvoriênia*, p. 175.
36. Edição consultada, *Bojéstvienaia Comiédia*, Moscou: Goslitizdát, 1961.
37. V. Markov, *Prigluchônie golossá*, p. 379.
38. Apud I. N. Golenischev-Kutuzov, op. cit.

reproduzir o original com a repetição, em russo, dos mesmos processos formais, o que foi às vezes criticado no Ocidente. Examinando-se o trabalho de Lozínski, constata-se que ele utilizou não só o decassílabo e a *terza rima*, mas também os demais recursos formais de Dante. É verdade que, neste caso, recorreu ao que poderíamos chamar de "processo de compensação", isto é, não utilizou estes recursos exatamente nos mesmos trechos que Dante, mas distribuiu-os pela obra, de acordo com o espírito do original e as peculiaridades específicas da linguagem poética russa. Vejamos um exemplo. Em "Purgatório" xx, 97-98, Dante escreve, referindo-se a Nossa Senhora: "Ciò ch'io dicea di quell'única sposa/ Dello Spirito Santo"

Na tradução de Lozínski, esta passagem aparece como: "A vózglas moi k nieviéstie nienieviéstnoi/ Sviatovo dukha"

Desaparece assim a aliteração *Ciò ch'io*, que parece não ter muita importância no original, mas surge, em lugar de *di quell' única sposa*, uma imagem de grande força poética, *k nieviéstie nienieviéstnoi*, isto é, o oximoro, "à noiva não-nubilada", podendo o trecho ser traduzido, a partir do texto russo, como: "E o meu clamor à noiva não-nubilada do Espírito Santo"[39]. Evidentemente, a palavra *vózglas* (exclamação, clamor) afasta-se também da mera tradução literal, mas ela está perfeitamente de acordo com o tom geral deste trecho.

Etkind refere-se, com razão, a algumas passagens em que a tradução não parece de todo feliz, mas acrescenta que são raras. Nina Iélina observa que Lozínski, "apresenta com assombrosa exatidão" a parte imagética da obra, no que seus predecessores tinham fracassado, e que o tradutor "compreendeu a dualidade do poema, captando a passagem brusca do alegórico ao real, do elevado ao abjeto, e transmitindo as particularidades estilísticas da *Comédia*"[40].

---

39. Tradução sugerida por Haroldo de Campos, a quem devo também a referência a um "processo de compensação".
40. N. Iélina, op. cit.

O trabalho de Lozínski veio mostrar mais uma vez que a plasticidade do verso russo e a riqueza dos recursos poéticos nessa língua permitem ao tradutor, quando consciencioso e bem dotado, reproduzir os recursos formais do original. Aliás, numa conferência realizada em 1946 na União dos Escritores Soviéticos, ele afirmou: "Não existem obstáculos para a língua e o verso russos"[41].

A publicação do trabalho de Lozínski chamou a atenção, mais que nunca, para a obra de Dante. Era a primeira vez que este aparecia traduzido num texto que, por si, constituía verdadeira contribuição à literatura russa. Basta dizer que um escritor da importância de Iúri Olecha, e que já era quarentão quando saiu o "Inferno" na tradução de Lozínski, confessa ter lido pela primeira vez a *Divina Comédia* nesse texto. Mas, confessando-o, dá conta da verdadeira revelação que teve:

> A princípio, sabe-se a seu respeito aquilo que todos sabem: foi o autor da *Divina Comédia*, morreu no desterro, no adro de uma igreja em Ravena, amou Beatriz, "é amargo o pão alheio e íngremes as escadas alheias". Também, é claro, não nos abandona a imaginação a figurinha de vermelho, de capuz com borda rendada e que desce para os Círculos do Inferno [...]
>
> Mas eis que, cobrando ânimo, você começa a lê-lo, e o que há diante de você é um milagre. Você nunca poderia admitir que isso fosse tão perfeito, tão impossível de comparar com algo. Você foi enganado, quando lhe disseram que era cacete. Cacete? Meu Deus, o que existe ali é todo um incêndio da imaginação. Isto para não falar da poesia exata e suave, das frases tristonhas, dos surpreendentes epítetos[42].

Em outro trecho de seu diário póstumo, Olecha cita versos de Maiakóvski já referidos neste livro[43]:

41. Idem.
42. Op. cit., p. 189-190.
43. Ver supra, p. 32. Os versos de Maiakóvski aparecem aqui na tradução de Augusto de Campos, em B. Schnaiderman et al., *Maiakóvski: Poemas*, p. 140.

Sei o pulso das palavras a sirene das palavras
Não as que se aplaudem do alto dos teatros
Mas as que arrancam os caixões da treva
E os põem a caminhar, quadrúpedes de cedro

e afirma que só Dante poderia expressar-se assim[44] .

Às vezes, escritores da velha geração revelam um conhecimento de Dante que parece provir de velhas e imperfeitas traduções. Num livro admirável sobre o ofício do escritor, *A Rosa de Ouro*, Constantin Paustóvski narra que, estando na aldeia, um menino veio chamá-lo, durante uma tempestade, com as palavras: "Vamos olhar os trovões" e acrescenta que isto lhe recordou as palavras de Dante: "Calou-se o raio de sol"[45].

Ora, no caso, parece tratar-se de "Inferno" I, 60: "...il sol tace", o famoso "o sol cala"[46], que aparece no texto de Paustóvski numa tradução diluída e muito piorada. É verdade que o escritor soviético não deixou, assim mesmo, de criar uma bela página sobre a expressividade da linguagem popular, tantas vezes hiperbólica e alógica. Isto, porém, não anula o fato de que o livro *A Rosa de Ouro* foi escrito em 1955, quando a tradução de Lozínski já estava mais que divulgada. Recorrendo a esta, Paustóvski teria encontrado uma tradução melhor do verso de Dante: "...lutchi molchát" – "os raios calam", embora, em português, "o sol cala" tenha, a meu ver, outra força, não obstante a conjugação feliz dos sons, no texto russo.

Mesmo assim, não se pode negar que o conhecimento da obra de Dante na Rússia aumentou muito, após a publicação do trabalho de Lozínski. O Sétimo Centenário do nascimento do poeta deu margem a novos estudos e traduções.

A Biblioteca Lênin, de Moscou, realizou uma exposição comemorativa, em que figuravam edições raras da

44. Op. cit., p. 153.
45. C. Paustóvski, *Zolotaia rosa*, em *Sobrânie sotchriêni*, v. II, p. 569.
46. Tradução de Augusto de Campos, em E. Pound, ABC *da Literatura*, p. 193-194.

obra de Dante existentes na Rússia, inclusive a primeira (Florença, 1481), com ilustrações de Sandro Botticelli. O famoso Teatro de Bonecos de Moscou, dirigido por S. V. Obraztzóv, estreou na mesma época uma adaptação cênica da *Divina Comédia*.

A editora Naúka (Ciência), da mesma cidade, preparou uma edição em dois volumes das *Obras Completas* de Dante, traduzidas para o russo, sob a direção geral de I. N. Golenischev-Kutuzov. O texto da *Divina Comédia*, nessa edição, será o de Lozínski, que já se pode considerar clássico; as demais obras figuraram em novas traduções. Algumas (*Convívio, De Monarchia e Ecloghe*) apareceram em russo pela primeira vez.

Ainda no plano geral das comemorações do Centenário, a revista *Nóvi Mir* (Novo Mundo) publicou em maio uma tradução das "Rimas Pedrosas" de Dante, de I. N. Golenischev-Kutuzov, a primeira em russo. É curioso observar que, igualmente em maio (dia 22), o Suplemento Literário de *O Estado de S. Paulo* publicava a tradução brasileira do mesmo texto, da autoria de Haroldo de Campos[47]. Tanto a tradução russa como a brasileira são altamente elaboradas, transmitindo peculiaridades estilísticas dificílimas de reproduzirEspero ter aqui sugerido a importância de se conhecer a repercussão da obra de Dante na Rússia. I. N. Golenischev-Kutuzov, cujo estudo sobre o assunto me forneceu muitas indicações valiosas, ataca, e com razão, especialistas ocidentais da obra de Dante que expressaram menosprezo pelos trabalhos russos nesse campo, sem conhecimento prévio do assunto. Certamente, a obra de Dante ganha em ressonância e riqueza assimilada, quando a examinamos sob o ângulo peculiar de diferentes literaturas. E a russa, como não podia deixar de acontecer, teve o seu quinhão, e não dos mais desprezíveis, nesta assimilação do mundo complexo e rico do florentino.

---

47. Atualmente, essa tradução acompanhada de um estudo do tradutor está incluída em *Pedra e Luz na Poesia de Dante*.

SOBRE OS ARTIGOS

A TRADUÇÃO COMO ATO DESMEDIDO.
Folha de S. Paulo, 10 abr. 1987.

1. CALEIDOSCÓPIO DE TRADUTOR.
   "Do Frade de Pedra à Múmia", "Um Perigo, a Lógica Estrita e Rigorosa", "Precisão Semântica e Precisão de Tom", "A Camisola de Dormir que Vira Penhoar" e "Lembrança de um Pioneiro", compõem o texto "Caleidoscópio da Tradução", publicado em P. Martins Filho, W. Tenório (orgs.), *João Alexandre Barbosa: o Leitor Insone*, São Paulo: Edusp, 2007. Os outros dezenove textos do capítulo são inéditos.

2. PÚSCHKIN E GONZAGA: DA SANFONINHA AO VIOLÃO.
   Revista USP, n. 45, mar.-maio 2000.

3. O CÉU E O INFERNO DO ATO DE TRADUZIR.
   O Estado de S.Paulo, 13 jul. 2008.

4. PARADOXOS DA PROFISSÃO IMPOSSÍVEL.
   O Estado de S.Paulo, 16 out. 2005. Título dado pela redação, com base em outro que propus.

5. LIÇÕES UNIVERSAIS DE UM TRADUTOR RUSSO.
   O Estado de S.Paulo, 15 fev. 2004.

6. SURPRESAS DE UMA ENCENAÇÃO.
   Folha de S.Paulo, 16 set. 2001. Publicado com o título "Paradoxos de uma Encenação".

7. VICISSITUDES DE UM POEMA.
   Texto reelaborado de um trabalho incluído em B. Schnaiderman, *Turbilhão e Semente – Ensaios sobre Dostoiévski e Bakhtin*. São Paulo: Duas Cidades, 1983.

8. *O IDIOTA* (DO ROMANCE AO FILME).
   Texto publicado em *Turbilhão e Semente*, a propósito do filme *O Idiota* (Primeira Parte, 1957), do diretor soviético Ivan Píriev, exibido em 1962 em nossos cinemas.

9. ISAAC BÁBEL E A TRADUÇÃO.
   Texto inédito.

10. HAROLDO DE CAMPOS, POESIA RUSSA MODERNA, TRANSCRIAÇÃO.
    Comunicação lida em Salto Oriental, Uruguai, em 28 jun. 1991, no simpósio internacional, sobre a obra de Haroldo de Campos. O texto que então foi lido sairia na revista *Fragmentos*, v. 4, n. 2, publicada pela Universidade Federal de Santa Catarina. O texto ora publicado contém alguns acréscimos e pequenas alterações. *Revista USP*, n. 59, set./nov. 2003.

11. FARÂNDOLA DE NOMES.
    Ampliação de trabalho publicado, com este título, em *O Estado de S.Paulo*, 26 fev. 1966.

12. DILEMAS DE UMA TRADUÇÃO.
    Este trabalho constitui uma versão ligeiramente modificada de um capítulo, com o mesmo título, publicado em *Dostoiévski Prosa Poesia*. São Paulo: Perspectiva, 1982.

13. OSWALDO GOELDI E DOSTOIÉVSKI: DISTÂNCIA E PROXIMIDADE.
    Revista USP, n. 32, dez.-fev. 1996/1997.

14. *HYBRIS* DA TRADUÇÃO, *HYBRIS* DA ANÁLISE.
    Colóquio-Letras, Lisboa, set. 1980.

15. DANTE E A RÚSSIA.
    Versão modificada do texto publicado em *Projeções: Rússia/Brasil/Itália*. São Paulo: Perspectiva, 1978.

BIBLIOGRAFIA

AKHMÁTOVA, Ana. *Stikhotvoriênia (Poemas)*. Moscou: Goslitizdát (Editora Estatal de Literatura), 1961.

ALEKSIÉIEV, M. P. Púschkin i brasílskii poet (Púschkin e um Poeta Brasileiro). In: _____. *Púschkin i mirovaia litieratura* (Púschkin e a Literatura Mundial). Leningrado: Naúka, 1987.

ALMEIDA. Moacyr de. *Poesias Completas de Moacyr de Almeida*. Rio de Janeiro: Júlio Valverde, [s.d.].

AMADO, Jorge, *Pálmovaia vietv, pogôni i penhuar* (Palmas, Dragonas e Penhoar). Trad. Aleksandra Vagdanovisco. Moscou: Ráduga, 1983.

ÂNIENSKI, Inokênti. *Knígui otrajênii* (Os Livros dos Reflexos). Moscou: Naúka, 1979.

APPEL, Alfred. *Contos Populares Russos*. Lisboa: Portugal-Brasil Limitada Sociedade [s.d.].

ARENDT, Hannah. *Eichmann em Jerusalém*. Trad. José Rubens Siqueira. São Paulo: Companhia das Letras, 2000.

ARLT, Roberto. *Aguafuertes Porteñas*. Buenos Aires: Losada, 1980.

BÁBEL, Isaac. Guedáli. In: SCHNAIDERMAN, Boris. Isaac Bábel em Três Textos. *Revista USP*, n. 10, jun.-ago. 1991. Dossiê URSS Glasnost/Cultura.

_____. O Filho do Rabi. Trad. Boris Schnaiderman. In: ROSENFELD, Anatol; GUINSBURG, J. (orgs.). *Entre Dois Mundos*. São Paulo: Perspectiva, 1967.

_____. Guy Maupassant. Trad. Bóris Schnaiderman. In: ROSENFELD, Anatol; GUINSBURG, J. (orgs.). *Entre Dois Mundos*. São Paulo: Perspectiva, 1967.

_____. Karl Iantel. In: _____. *Izbranoe* (Obras Escolhidas). Moscou: Goslitizdát (Editora Estatal de Literatura), 1957.

BAKHTIN, Mikhail. *Estética da Criação Verbal*. Trad. Paulo Bezerra. São Paulo: Martins Fontes, 2003.

_____. *Problemas da Poética de Dostoiévski* (em russo). 3. ed. Moscou: Goslitizdát (Editora Estatal de Literatura), 1972. Trad. Paulo Bezerra. 2. ed. revista. Rio de Janeiro: Forense Universitária, 1997.

BARONE, Orlando (org.). *Diálogos Borges-Sabato*. Buenos Aires: Emecé, 1976.

BELINKY, Tatiana. *Um Caldeirão de Poemas*. São Paulo: Companhia das Letrinhas, 2003, v. 1.

BENJAMIN, Walter. A Tarefa-Renúncia do Tradutor. Trad. Susana Kampff Lages. In: HEIDERMANN, Werner (org.). *Clássicos da Teoria da Tradução* (antologia bilíngue alemão-português). Florianópolis: Universidade Federal de Santa Catarina/NHT, 2001, v. 1.

BERMAN, Antoine. *A Tradução e a Letra ou O Albergue do Longínquo*. Trad. Marie-Helène Cathrerine Torres; Mauri Furlan; Andréia Guerini. Rio de Janeiro: 7 Letras, 2007.

BERNARDO, Gustavo. *A Dúvida de Flusser*. São Paulo: Globo, 2002.

BIELÍNSKI, V. G. Sotchiniênia Aleksandra Púschkina (As Obras de Aleksandri Púschkin). In: _____. *Ízbranie sotchiniênia* (Obras Escolhidas). Moscou/Leningrado: Goslitizdát (Editora Estatal de Literatura), 1949.

BILAC, Olavo. *Poesias*. 17. ed. Rio de Janeiro: Livraria Francisco Alves, 1938.

BIZZARRI, Edoardo (org.). *Correspondência com seu Tradutor Italiano Edoardo Bizzarri*. 2. ed. São Paulo: T. A. Queiroz/Instituto Cultural Ítalo-Brasileiro, 1981.

BLAGÓI, D.D. (ed.). *Istória rúskoi litieratúri* (História da Literatura Russa). Moscou/Leningrado: Naúka, 1958, v. 1.

BLOK, Aleksandr. Piesn ada (Canto do Inferno). *Sotchniênia* (Obras). Moscou/Leningrado: Goslitizdát (Editora Estatal de Literatura), 1946.

BORGES, Jorge Luis. *Textos Cautivos*. Edição de Enrique Sacerio-Garí; Emir Rodríguez Monegal. Barcelona: Tusquets, 1986.

_____. *El Hacedor*. Buenos Aires: Emecé, 1960.

BOSI, Alfredo (org.). *Os Melhores Poemas de Ferreira Gullar*. São Paulo: Global, 1983.

BRODSKY, Joseph. *Quase uma Elegia*. Trad. Boris Schnaiderman; Nelson Ascher. Rio de Janeiro: Sette Letras, 1995.

BUSSOLOTTI, Maria Apparecida Faria Marcondes (org.). *João Guimarães Rosa. Correspondência com seu Tradutor Alemão Curt Meyer-Clason (1958-1967)*. Rio de Janeiro: Nova Fronteira/UFMG, 2001.

CAMPOS, Augusto de; CAMPOS, Haroldo de; SCHNAIDERMAN, Boris. *Poesia Russa Moderna*. 7. ed. São Paulo: Perspectiva, 2001. (1. ed. Rio de Janeiro: Civilização Brasileira, 1968).

CAMPOS, Augusto de. Belli, Diabolus in Poesia. *À Margem da Margem*. São Paulo: Companhia das Letras, 1989.

204

CAMPOS, Haroldo de. *Ilíada de Homero*. São Paulo: Mandarim, 2001, v. 1; São Paulo: ARX, 2002, v. 2.

_____. *Pedra e Luz na Poesia de Dante*. Rio de Janeiro: Imago, 1998.

_____. *Metalinguagem & Outras Metas*. 4. ed. São Paulo: Perspectiva, 1992.

_____. Ruptura dos Gêneros na Literatura Latino-Americana. In: MORENO, César Fernandes (org.). *América Latina em sua Literatura*. São Paulo: Perspectiva/Unesco, 1979.

_____. *A ReOperação do Texto*. 2. ed. São Paulo: Perspectiva, 2013.

_____. Luz: a Escrita Paradisíaca, *Colóquio/Letras*, n. 28, nov. 1975.

CARPEAUX, Otto Maria. O Acontecimento. In: _____. *Vinte e Cinco Anos de Literatura*. Rio de Janeiro: Civilização Brasileira, 1968.

CASADO, José. *Púschkin: Poesias Escolhidas*. Rio de Janeiro: Nova Fronteira, 1992.

CÉLINE, Louis-Ferdinand. *Viagem ao Fim da Noite*. Trad. Rosa Freire d'Aguiar. São Paulo: Companhia das Letras, 1994.

_____. *De Castelo em Castelo*. Trad. Rosa Freire d'Aguiar. São Paulo: Companhia das Letras, 2004.

CHARTERS, Ann; CHARTERS, Samuel. *I Love: The Story of Vladimir Maiakovski and Lili Brik*. New York: Farrar Straus Giroux, 1979.

CORTÁZAR, Julio. *Ultimo Round*. 2. ed. Cidade do México: Siglo Veintiuno, 1970.

CROCE, Benedetto. *La Poesia: Introduzione alla critica e storia della poesia e della litteratura*. 5. ed. Bari: Giuseppe Laterza, 1953.

DERRIDA, Jacques. *Sur Parole: instantanés philosophiques*. Paris: L' Aube, 2005.

_____. *O Animal Que Logo Sou*. Trad. Fábio Landa. São Paulo: Editora da Unesp, 2002.

DOSTOIÉVSKI, Fiódor. *O Eterno Marido*. Trad. Boris Schnaiderman. São Paulo: Editora 34, 2003.

_____. *O Idiota*. Trad. Paulo Bezerra. São Paulo: Editora 34, 2002.

_____. *Niétotchka Niezvânova*. Trad. Boris Schnaiderman. São Paulo: Editora 34, 2002.

_____. *Crime e Castigo*. Trad. Paulo Bezerra. São Paulo: Editora 34, 2001.

_____. *Contos*. 2. ed. São Paulo: Cultrix, 1985.

_____. *Notes d'un souterrain*. Notas bibliográficas e introdução de Tzvetan Todorov. Tradução e notas de Lily Denis. Paris: Aubier, 1972.

_____. Polzunkóv. In: _____. *Obra Completa*. Trad. Natália Nunes. Rio de Janeiro: Aguilar, 1963, v. 1.

_____. *Brátia Karamázovi* (Os Irmãos Karamázovi). Moscou: Goslitizdát (Editora Estatal de Literatura), 1963.

_____. *Niétotchka Niezvânova*. In: _____. *Obras Completas e Ilustradas*. Trad. Boris Schnaiderman. Rio de Janeiro: José Olympio, 1961, v. 10.

_____. Polzunkóv. In: _____. *Obras Completas e Ilustrada*. Trad. Olivia Krahenbühl. Rio de Janeiro: José Olympio, 1961, v. 8.

_____. *O Idiota*. In: _____. *Obras Completas e Ilustradas*. Trad. José Geraldo Vieira. Rio de Janeiro: José Olympio, 1960, v. 4.

_____. *Obras Completas de Dostoiévski*. Leningrado: Academia de Ciências da URSS, v. 9.

_____. *Oeuvres*. Paris: Gallimard, 1956, v. 1 (Biliothèque de la Plêiade).

FAULKNER, William. *Esquetes de Nova Orleans*. Rio de Janeiro: José Olympio, 2002.

FERREIRA, Jerusa Pires. Haroldo Oral. *Revista USP*. São Paulo, n. 59, set./ nov. 2003.

_____. *Púschkin no Sertão*. São Paulo: Cosac & Naify (prelo).

FERREIRA, Jerusa Pires; AGUIAR, Odailton Aragão. Beira de Campo – Entrevista com o Músico da Zona Leste Edvaldo Santana. *Projeto História*, n. 24. São Paulo: Educ, jun. 2002. Artes na História & Outras Linguagens.

FLORÊNSKI, P. *Mnímosti v gueomiétrii* (O Fictício em Geometria), Moscou: [s.n.], 1922.

GINZBURG, Leone. *Scrittori russi*. Torino: Einaudi, 1948.

GOLENISCHEV-KUTUZOV, I. N. Dante v soviétskoi cultúrie (Dante na Cultura Soviética). In: *Izviéstia Acadiêmii Naúk SSSR, Iazik i litieratura* (Anais da Academia de Ciência da U.R.S.S., Língua e Literatura). Moscou, mar.-abr. 1965.

GONZAGA, Tomás Antônio. *Marilie: chants élégiaques de Gonzaga*. Trad. E. de Monglave e P. Chalais. Paris: C. I. I. Panckouke, 1825.

_____. *Marília de Dirceu e Mais Poesia*. Lisboa: Livraria Sá da Costa, 1944.

GÓRKI, Máximo. *Ganhando Meu Pão*. Trad. Boris Schnaiderman. São Paulo: CosacNaify, 2007.

GOURFINKEL, Nina. *Tolstoï sans tolstoïsme*. Paris: Seuil, 1946.

GROSSMAN, Leonid. *Dostoievski*. Moscou: Jovem Guarda, 1963.

GÜDZI, N. K. *Khriestomátia po driévniei rúskoi litieratúrie* (Coletânea de Textos da Literatura Russa Antiga). Moscou: Editora Pedagógica do Ministério da Educação da URSS, 1952.

GÜDZI, N. K.; GÜSSIEV, V. I. Aleksandr Nicoláievitch Viessielóvski. In: *Krátkaia Litieratúrnaia Entziklopiédia* (Enciclopédia Literária Sucinta). Moscou: Editora Enciclopédica Soviética, 1962, v. 1.

GUIMARÃES ROSA, João. *Grande Sertão: Veredas*. 4. ed. Rio de Janeiro: Livraria José Olympio, 1965.

GUINSBURG, J. *Aventuras de uma Língua Errante*. São Paulo: Perspectiva, 1996.

_____. Kafka e o Rato. *Shalom*. São Paulo, n. 298, mar. 1993.

HERZEN, A. I. Nóvaia fasa rúskoi litieratúri (Uma Nova Fase da Literatura Russa). In: *Sobrânie sotchiniênii*. Moscou: Goslitizdát (Editora Estatal de Literatura), 1958.

HUXLEY, Aldous. *Admirável Mundo Novo*. Trad. Lino Vallandro e Vidal Serrano. Porto Alegre: Globo, 1941.

IÉLINA, Nina. Dante en las Traducciones Rusas. *Literatura Soviética*, Moscou, jul. 1965.

JAKOBSON, Roman. Configuração Verbal Subliminar em Poesia. In: _____. *Lingüística, Poética, Cinema*. São Paulo: Perspectiva, 1970.

KUPRIN, A. *A Fossa*. Trad. Boris Schnaiderman. Rio de Janeiro: Pan-Americana, 1944.

KRUMM, Reinhard. *Isaac Bábel biográfia*. Moscou: Roospen, 2008.

LEÃO, Múcio. *João Ribeiro*. Rio de Janeiro: Livraria São José, 1962.

LO GATTO, Ettore. *Historia de la Literatura Rusa*. Trad. E. P. de las Heras. Barcelona: Luis de Coralt, 1952.

LUNATCHÁRSKI, A. V. Litieratura epókhi Vozrojdiênia (A Literatura do Renascimento). In: _____. Stat'i o litieratúrie (Artigos sobre Literatura). Moscou: Goslitizdát (Editora Estatal de Literatura), 1957.

MACHADO. Aníbal Monteiro. *Goeldi*. Rio de Janeiro: MEC-Serviço de Documentação, 1955.

MARKOV, Vladimir. *Prigluchônie golossá* (Vozes Abafadas). New York: Chekhov, 1952.

MARTINS FILHO, Plínio; TENÓRIO, Waldley (orgs.). *João Alexandre Barbosa: O Leitor Insone*. São Paulo: Edusp, 2007.

MARTORELL, Joanot. *Tirant lo Blanc*. Trad. Cláudio Giordano. São Paulo: Giordano, 1998.

MESCHONNIC, Henri. *Au commencement: traduction de la Genèse*. Paris: Desclée de Brouwer, 2002.

_____. *Politique du rythme, politique du sujet*. Lagrasse: Verdier, 1995.

_____. *Poétique du traduire*. Paris: Verdier, 1999. *Poética do Traduzir*. Trad. Jerusa Pires Ferreira; Sueli Fenerich. São Paulo: Perspectiva, 2010.

MESCHONNIC, Henri; SOULAGES, Pierre. *Le Rythme et la lumière*. Paris: Odeli Jacob, 2000.

MENDES, Murilo. *Poesia Completa e Prosa*. Rio de Janeiro: Nova Aguilar, 1994.

NABOKOV, Vladímir *Comientárii k* Ievguêniu Oniéguinu *Aleksandra Púschkina* (Comentário a *Ievguêni Oniéguin* de Aleksandr Púschkin). Moscou: NPK "Interval", 1999.

_____. *Druguíe bieregá* (Outras Plagas). New York: Chekhov, 1954.

_____. *Conclusive Evidence*, New York: Harper, 1951.

OLECHA, Iúri. *Ni dniá biez strótchki* (Nem Um Dia Sem Uma Linha). Moscou: Goslitizdát (Editora Estatal de Literatura), 1965.

OLIVEIRA, Alberto de. *Os Cem Melhores Sonetos Brasileiros*. 2. ed. Rio de Janeiro: Freitas Bastos, 1933.

ORTEGA Y GASSET, José. Miseria y Esplendor de la Traducción. *Obras*. Madrid: Espasa-Calpe, 1943, v. 2.

PAES, José Paulo. *Gaveta de Tradutor*. Florianópolis: Letras Contemporâneas, 1996.

PASTERNAK, Boris. Avtobiografítcheski ótcherk (Ensaio Autobiográfico). In: _____. *Prosa 1915-1956*. Ann Arbor: The University of Michigan Press, 1961.

_____. *Okhránaia grámota* (Salvo-Conduto). In: _____. *Opálnie póviesti* (Novelas Proscritas). New York: Chekhov, 1955.

PAUSTÓVSKI, Constantin. *Zolotaia rosa* (A Rosa de Ouro). In: _____. *Sobrânie sotchriêni* (Obras Escolhidas). Moscou: Goslitizdát (Editora Estatal de Literatura), 1957, v. II.

PIGLIA, Ricardo. *Formas Breves*. Trad. José Marcos Mariani de Macedo. São Paulo: Companhia das Letras, 2004.

PIGNATARI, Décio. *Poesia Pois é Poesia*. Cotia: Ateliê Editorial; Campinas: Editora da Unicamp, 2004.

_____. Situação Atual da Poesia no Brasil. *Invenção*, n. 1, 1962.

PLAZA, Julio. *Tradução Intersemiótica*. São Paulo: Perspectiva, 1987.

POUND, Ezra. *ABC da Literatura*. Trad. de Augusto de Campos e José Paulo Paes. São Paulo: Cultrix, 1970.

PROPP, Vladimir I. *Morfologia do Conto Maravilhoso*. Trad. Jasna Paravich Sarhan. Org. Boris Schnaiderman. Rio de Janeiro: Forense Universitária, 1984.

PÚSCHKIN, Aleksandr. *A Dama de Espadas: Prosa e Poemas*. Trad. Boris Schnaiderman e Nelson Ascher. São Paulo: Editora 34, 1999.

_____. *A Dama de Espadas*. Trad. Boris Schnaiderman. São Paulo: Max Limonad, 1981.

_____. *The Queen of Spades*. Hertfordshire: Bradda Books, 1972.

_____. *O Negro de Pedro, o Grande, e Outros Contos*. Trad. Boris Schnaiderman. São Paulo: Difusão Europeia do Livro, 1962.

_____. *Pólnoie sobrânie sotchiniênii* (Obras Completas). [s.l.]: Academia de Ciências da URSS, Moscou, 10 v. (1956-1958).

_____. *A Águia Negra*. Trad. Boris Schnaiderman. Rio de Janeiro: Vecchi, 1949.

RAMOS, Graciliano. *Memórias do Cárcere*. Rio de Janeiro: Livraria José Olympio, 1953, v. 1.

RODRIGUES LAPA, Manuel. Prefácio. In: GONZAGA, Tomás Antônio. *Marília de Dirceu e Mais Poesias*. 2. ed. Lisboa: Livraria Sá da Costa, 1944.

_____. (ed.). *Obras Completas de Tomás Antônio Gonzaga*. Rio de Janeiro: Instituto Nacional do Livro, v. 1, 1957. Edição crítica.

RÓNAI, Paulo. *A Tradução Vivida*. 2 ed. ampl. Rio de Janeiro: Nova Fronteira, 1981.

_____. Guimarães Rosa e seus Tradutores. *Jornal da Tarde*, São Paulo, 16 out. 1971.

SCHLEIERMACHER, Friedrich. Sobre os Diferentes Métodos de Tradução. In: HEIDERMANN, Werner (org.). *Clássicos da Teoria da Tradução*. Trad. Margaret von Muhlen Poll. Florianópolis: Universidade Federal de Santa Catarina, 2001, v. 1.

SCHKLOVSKI, Vítor. A Arte como Procedimento. In: TOLEDO, Dionísio de Oliveira (org.). *Teoria da Literatura: Formalistas Russos*. Porto Alegre: Globo, 1971.

SCHNAIDERMAN, Boris. Posfácio. In: _____. DOSTOIÉVSKI, Fiódor. *O Eterno Marido*. São Paulo: Editora 34, 2003.

_____. Posfácio: Um Grande Romance Truncado. In: DOSTOIÉVSKI, Fiódor. *Niétotchka Niezvânova*. São Paulo: Editora 34, 2002.

_____. *Os Escombros e o Mito: Cultura e o Fim da União Soviética*. São Paulo: Companhia das Letras, 1997.

_____. Os Limites da Traduzibilidade. In: COSTA, Luiz Angélico da (org.). *Os Limites da Traduzibilidade*. Salvador: Editora da Universidade Federal da Bahia, 1996.

_____. Dostoiévski e a Ficção como Pensamento. In: NOVAES, Adauto (org.). *Artepensamento*. São Paulo: Companhia das Letras, 1994.

_____. Tradução: Fidelidade Filológica à Fidelidade Estilística. *Anais do I Seminário Latino-Americano de Literatura Comparada*. Porto Alegre, 1987.

_____. *Turbilhão e Semente: Ensaios sobre Dostoiévski e Bakhtin*. São Paulo: Duas Cidades, 1983.

_____. *Leão Tolstói: Antiarte e Rebeldia*. São Paulo: Brasiliense, 1983.

_____. *Dostoiévski Prosa Poesia*. São Paulo: Perspectiva, 1982.

_____. A *Poética de Maiakóvski Através de sua Prosa*. São Paulo: Perspectiva, 1971.

_____. João Ribeiro Atual. *Revista do Instituto de Estudos Brasileiros*, n. 10, 1971.

_____. O Caroço de Cereja. *Suplemento Literário de Minas Gerais*, 12 dez 1970.

_____. *Novelas Russas*. São Paulo: Cultrix, 1963.

_____. Púschkin, Tradutor de Gonzaga. *O Estado de S.Paulo*, 16 jun. 1962 (Suplemento Literário).

_____. Traduções do Russo. *O Estado de S.Paulo*, 7 fev. 1959 (Suplemento Literário).

SCHNAIDERMAN, Boris; CAMPOS, Augusto de; CAMPOS, Haroldo de. *Maiakóvski: Poemas*. São Paulo: Perspectiva, 1982 (1ª edição, Rio de Janeiro: Tempo Brasileiro, 1967).

SCHNAIDERMAN, Boris; FERREIRA, Jerusa Pires (orgs.) *Guenádi Aigui: Silêncio e Clamor*. São Paulo: Perspectiva, 2010.

SCHOPENHAUER, Arthur. *O Mundo como Vontade e como Representação*. Trad. Jair Barboza. 1. reimp. São Paulo: Editora da Unesp, 2005.

SOFRI, Gianni. Ginzburg, Leone. In: CARAVALE, Mario (ed.). *Dizionario biografico degli italiani*. Roma: Istituto della Enciclopédia Italiana, 2000, v. LV.

SOMERSET MAUGHAM, William. *Um Gosto e Seis Vinténs*. Trad. Gustavo Nonnenberg. Porto Alegre: Globo, 1941.

STORA-SANDOR, Judith. *Isaac Babel: L'homme et l'oeuvre*. Paris: Klincksieck, 1965.

TCHÉKHOV, Anton P. *A Dama do Cachorrinho e Outros Contos*. Trad. Boris Schnaiderman. 5. ed. São Paulo: Editora 34, 2005.

_____. *A Dama do Cachorrinho e Outros Contos*. São Paulo: Max Limonad, 1985.

_____. *Contos*. Rio de Janeiro: Civilização Brasileira, 1959.

TOLSTÓI, L. *A Sonata a Kreutzer*. Trad. Boris Schnaiderman. São Paulo: Editora 34, 2007.

_____. *O Diabo e Outras Histórias*. Seleção e apresentação Paulo Bezerra. São Paulo: Cosac & Naify, 2000.

_____. *Sobrânie sotchiniênii* (Obras em 12 volumes). Moscou: Goslitizdát (Editora Estatal de Literatura), 1958, v. IV.

_____. *Guerra e Paz*. In: _____. *Obra Completa*. Trad. João Gaspar Simões. Rio de Janeiro: Aguilar, 1960, v. 1.

_____. *O Diabo Branco*. Trad. Boris Solomonov (Boris Schnaiderman), Rio de Janeiro: Vecchi, 1949.

UCHOA LEITE, Sebastião. O Paradoxo da Tradução Poética: Notas sobre o Pequeno e o Grande Jogo na Poesia de François Villon. In: PINKUSFEL DE BASTOS, Francisco Inácio (org.). *A Interpretação*. Rio de Janeiro: Imago, 1990.

_____ (org.). *Poesia de François Villon*. São Paulo: Edusp, 2000.

VOGÜE, Eugène-Melchior de. *Le Roman russe*. Paris: Plon, 1892.

O AUTOR

BORIS SCHNAIDERMAN nasceu em 1917 em Úman, na Ucrânia, mas teve formação russa. Quando tinha cerca de um ano, foi levado para Odessa. Em 1925, veio com os pais para o Brasil, residindo ora em São Paulo, ora no Rio de Janeiro. Formou-se engenheiro-agrônomo em 1940 pela Escola Nacional de Agronomia no Rio de Janeiro. Incorporado à Força Expedicionária Brasileira, lutou na Segunda Guerra Mundial, na frente italiana. Entre 1948 e 1953 trabalhou como funcionário do Ministério da Agricultura, lotado na Escola Agrotécnica de Barbacena, Minas Gerais. A partir de 1960, assumiu o posto de professor de russo da Universidade de São Paulo, da qual se aposentou em 1979. Tornou-se professor-emérito em 2001. Traduziu para o português obras de Púschkin, Tolstói, Dostoiévski e outros.

Recebeu, em 2003, o Prêmio de Tradução da Academia Brasileira de Letras, concedido então pela primeira vez. Em 2007, foi agraciado pelo governo da Rússia com a Medalha

Púschkin, em reconhecimento por seu trabalho de divulgador da cultura russa. Em 2010, recebeu o prêmio de Personalidade Cultural do Ano, concedido pela revista *Bravo!* e pelo Bradesco Prime.

Obras de Boris Schnaiderman

Ficção
Guerra em Surdina. 4. ed. São Paulo: Cosac & Naify, 2004.

Ensaios
A Poética de Maiakóvski Através de sua Prosa. São Paulo: Perspectiva, 1971.
Projeções: Rússia/Brasil/Itália. São Paulo: Perspectiva, 1978.
Dostoiévski: Prosa, Poesia. São Paulo: Perspectiva, 1982.
Leão Tolstói: Antiarte e Rebeldia. São Paulo: Brasiliense, 1983.
Turbilhão e Semente – Ensaios sobre Dostoiévski e Bakhtin. São Paulo: Duas Cidades, 1983.
Os Escombros e o Mito. São Paulo: São Paulo: Companhia das Letras, 1997.

Organização e Tradução de Volumes
Maiakóvski: Poemas. 7. ed. São Paulo: Perspectiva, 2003. Em colaboração com Augusto de Campos e Haroldo de Campos.
Poesia Russa Moderna. 6. ed. São Paulo: Perspectiva, 2001. Em colaboração com Augusto de Campos e Haroldo de Campos.
Semiótica Russa. São Paulo: Perspectiva, 1979.
Joseph Brodsky, Quase uma Elegia. Rio de Janeiro: Sette Letras, 1995. Em colaboração com Nelson Ascher.
Guenádi Aigui: Silêncio e Clamor. São Paulo: Perspectiva, 2010. Coletânea da obra do poeta Guénadi Aigui, em colaboração com Jerusa Pires Ferreira.

Organização de Volumes
JAKOBSON, Roman. *Lingüística, Poética, Cinema*. São Paulo: Perspectiva, 1970. Em colaboração com Haroldo de Campos.
FONSECA, Rubem. *Contos Reunidos*. São Paulo: Companhia das Letras, 1994.
ANGELIDES, Sophia. *Carta e Literatura: Correspondência entre Tchékhov e Górki*. São Paulo: Edusp, 2001.

Traduções como Boris Solomonov
Traduções publicadas com o pseudônimo Boris Solomonov, em grande parte refeitas e reeditadas nos últimos anos, agora com seu próprio nome:
DOSTOIÉVSKI, Fiódor. *Os Irmãos Karamazov*. Rio de Janeiro: Vecchi, 1944, 2 v.

KUPRIN, Ivan. *A Fossa*. Rio de Janeiro: Panamericana, 1944.

GÓRKI, Máximo. *Os Artamonov*. Rio de Janeiro: 1944. Em colaboração com Galvão de Queiroz.

PÚCHKIN, Aleksandr. *A Filha do Capitão*. Rio de Janeiro: Vecchi, 1948.

_____. *Dubróvski* (título dado pela editora, *A Águia Negra*), Rio de Janeiro: Vecchi, 1948.

TOLSTÓI, Leão. *Khadji-Murát*. São Paulo: Cosac & Naify, São Paulo, 2002. (*O Diabo Branco* [título dado pela editora]. 1. ed. Rio de Janeiro: Vecchi, 1949.)

Traduções como Boris Schnaiderman

TCHEKHOV, Anton. *A Dama do Cachorrinho e Outros Contos*, São Paulo: Editora 34, 2000. (*Contos*. 1. ed. Rio de Janeiro: Civilização Brasileira, 1959.)

GÓRKI, Máximo. *Contos*. Rio de Janeiro: Civilização Brasileira, 1960.

DOSTOIÉVSKI, Fiódor. *Um Jogador*. São Paulo: Editora 34, 2004. (1. ed. Rio de Janeiro: José Olimpio, 1961.)

_____. *O Crocodilo e Notas de Inverno sobre Impressões de Verão*. São Paulo: Editora 34, 2000. (1. ed. Rio de Janeiro: José Olimpio, 1961.)

_____. *Memórias do Subsolo*. São Paulo: Editora 34, 2000. (1. ed. Rio de Janeiro: José Olympio, 1961.)

_____. *Niétotchka Niezvânova*. São Paulo: Editora 34, 2002. (1. ed. Rio de Janeiro: José Olympio, 1961.)

_____. *O Eterno Marido*. São Paulo: Editora 34, 2003. (1. ed. Rio de Janeiro: José Olympio, 1961.)

GÓRKI, Máximo. *Ganhando Meu Pão*. São Paulo: Cosac & Naify, 2007. (1. ed. São Paulo: Difusão Europeia do Livro, 1962.)

PÚSCHKIN Aleksandr. *O Negro de Preto, O Grande*. In: *A Dama de Espadas*. São Paulo: Editora 34, 2000 (acrescido da novela *Dubróvski* e de alguns contos). (1. ed. São Paulo: Difusão Europeia do Livro, 1962.)

TCHÉKHOV, Antón. *A Dama do Cachorrinho e Outros Contos*. São Paulo: Editora 34, 1999. (1. ed. Rio de Janeiro: Civilização Brasileira, 1959.)

_____. *O Beijo e Outras Histórias*. São Paulo, Editora 34, 2006. (1. ed. São Paulo: Boa Leitura, 1972.)

TOLSTÓI, Leão. *A Morte de Ivan Ilitch*. São Paulo: Editora 34, 2006. (1. ed. In: *Três Novelas*. Rio de Janeiro/São Paulo: Ouro, 1973.)

_____. *A Sonata a Kreutzer*. São Paulo: Editora 34, 2007. (1. ed. In: *Três Novelas*. Rio de Janeiro/São Paulo: Ouro, 1973.)

_____. *Felicidade Conjugal*. São Paulo: Editora 34, 2009. (1. ed. In: *Três Novelas*. Rio de Janeiro/São Paulo: Ouro, 1973.)

OLECHA, Iúri. *Inveja*. In: TOLSTÓI, Leão; OLECHA, Iúri. *Novelas Russas*. São Paulo: Cultrix, 1963.

COLEÇÃO DEBATES
(Últimos Lançamentos)

315. *Maneirismo na Literatura*, Gustav R. Hocke.
316. *A Cidade do Primeiro Renascimento*, Donatella Calabi.
317. *Falando de Idade Média*, Paul Zumthor.
318. *A Cidade do Século Vinte*, Bernardo Secchi.
319. *A Cidade do Século XIX*, Guido Zucconi.
321. *Tradução, Ato Desmedido*, Boris Schnaiderman.
322. *Preconceito, Racismo e Política*, Anatol Rosenfeld.
323. *Contar Histórias com o Jogo Teatral*, Alessandra Ancona de Faria.
324. *Judaísmo, Reflexões e Vivências*, Anatol Rosenfeld.
325. *Dramaturgia de Televisão*, Renata Pallottini.
326. *Brecht e o Teatro Épico*, Anatol Rosenfeld.
327. *Teatro no Brasil*, Ruggero Jacobbi.
328. *40 Questões Para Um Papel*, Jurij Alschitz.
329. *Teatro Brasileiro: Ideias de uma História*, J. Guinsburg e Rosangela
     Patriota.
330. *Dramaturgia: A Construção da Personagem*, Renata Pallottini.
331. *Caminhante, Não Há Caminho. Só Rastros*, Ana Cristina Colla.
332. *Ensaios de Atuação*, Renato Ferracini.
333. *A Vertical do Papel*, Jurij Alschitz
334. *Máscara e Personagem: O Judeu no Teatro Brasileiro*, Maria
     Augusta de Toledo Bergerman
335. *Razão de Estado e Outros Estados da Razão*, Roberto Romano
336. *Teatro em Crise*, Anatol Rosenfeld

Este livro foi impresso em Cotia,
nas oficinas da Meta Brasil,
para a Editora Perspectiva.